U1019862

编　委　会

主　审

罗晓良

主　编

吴秋平　闫俊霞

副主编

郑　艳　周晓健　李冬梅

参　编

陈　锐　王婷婷　向　姝　高丽娜　周同磊

大学生安全教育

吴秋平　闫俊霞　主编

西南大學出版社
国家一级出版社 全国百佳图书出版单位

图书在版编目(CIP)数据

大学生安全教育 / 吴秋平，闫俊霞主编. -- 重庆：西南大学出版社，2024. 7. -- ISBN 978-7-5697-2430-1(2025.7重印)

Ⅰ. G645.5

中国国家版本馆CIP数据核字第2024CJ9620号

大学生安全教育

DAXUESHENG ANQUAN JIAOYU

主　编　吴秋平　闫俊霞

总 策 划:杨　毅　曾　文　尹清强

执行策划:路兰香

责任编辑:路兰香

责任校对:曹园妹

装帧设计:魏显锋

排　　版:江礼群

出版发行:西南大学出版社(原西南师范大学出版社)

地址:重庆市北碚区天生路2号

邮编:400715

电话:023-68868624

印　　刷:重庆紫石东南印务有限公司

成品尺寸:185 mm×260 mm

印　　张:17.75

字　　数:352千字

版　　次:2024年7月　第1版

印　　次:2025年7月　第2次印刷

书　　号:ISBN 978-7-5697-2430-1

定　　价:59.00元

前言

本教材以习近平新时代中国特色社会主义思想为指导，根据大学生安全教育相关文件精神编写，内容为个人安全和国家安全两篇。教材遵循新时代大学生的成长成才规律，以技能训练为主线，帮助大学生全面增强安全防范意识和避险救护能力，牢固树立和积极践行总体国家安全观。

本教材是新型活页式教材，秉承“以学生为中心”的理念，集科学性、系统性、实用性和可读性于一体，旨在引导大学生在“做中学，学中做”。教材注重“项目引领，任务驱动”，每一个项目中梳理了“学习目标”和“知识图谱”，每一个任务中设置了以技能训练为主的课前“工作表单”和课后“云课堂”拓展，有助于学生创新理念、拓宽视野，实现“做中学”；教材注重理论与实践相结合，每一个任务中有翔实的理论分析，并适当引用“习语金句”或“名言警句”，再通过“实践与提升”板块提升学习效果，实现“学中做”。

本教材具体编写分工如下：吴秋平（重庆工商职业学院）负责整体构思、策划和统稿工作，负责项目四和项目九的编写，闫俊霞（重庆工商职业学院）负责项目三和项目十二的编写，郑艳（重庆工商职业学院）负责项目七和项目八的编写，周晓健（重庆五一职业技术学院）负责项目十三的编写，李冬梅（重庆市渝中区消防救援局）负责项目五的编写，陈锐（重庆工商职业学院）负责项目六和项目十一的编写，王婷婷(重庆工商职业学院)负责项目一和项目十的编写,高丽娜(重庆工商职业学院)负责项目二的编写,向姝(重庆工商职业学院)和周同磊(重庆工商职业学院)协助主编统稿。罗晓良(重庆工商职业学院)为本教材主审。

本教材的出版受重庆工商职业学院"重庆市高水平专业群——'建筑室内设计专业群'建设经费"资助。教材在编写过程中借鉴了许多有关大学生安全教育的研究成果,也得到了专家、同行的悉心指导,在此一并致以诚挚的谢意!因编写者水平有限,教材中难免存在不足之处,敬请广大读者不吝赐教,以便不断修订完善!

编　者

2024年5月

目录

上篇 个人安全

下篇　国家安全

上篇

个人安全

项目一

标志信号"识"

知识目标

1. 了解踩踏事故的引发因素。
2. 了解安全标志的分类和含义。
3. 掌握踩踏事故的自救逃生方法。

技能目标

1. 能识别身边常见安全标志并进行逃生。
2. 能巧用身边物品或应急设备进行自救逃生。

素质目标

1. 尊重生命、敬畏生命。
2. 具备沉着冷静、细致观察的品质。

导　言

日常生活中，各种危险会悄然而至，了解安全标志、求救信号的含义以及逃生和救护器具的使用方法，在关键时刻既能保护我们的生命安全，也能及时给予处于危险中的他人以帮助。

知识图谱

- 标志信号“识”
  - 标志避险信号求救
    - 安全标志
    - 求救信号
  - 逃生自救器具助力
    - 交通事故逃生及器具使用
    - 踩踏事故逃生及器具使用
    - 巧用身边物品自救逃生

任务一 标志避险 信号求救

任务描述

安全标志是用以表达特定安全信息的标志，学习安全标志有助于我们在日常生活中了解周围环境，在危险中更快逃生或获得救援。

1. 小组合作，完成工作表单1。
2. 小组合作，完成工作表单2。

任务准备

1. 分小组，4—6人为一组，选定小组长或主持人。
2. 熟悉校园的安全标志和教学楼、宿舍楼的逃生通道。

任务实施

工作表单1

收集校园中的安全标志，绘制标志图形，并完善下列表格信息。

编号	1	2	3	4
标志图形				
标志含义				
标志出现地				

工作表单2

校园内教学楼、宿舍楼等区域人员密集，熟悉其内部结构、安全标志有利于迅速逃生。小组合作绘制宿舍楼的内部结构图，并将安全标志和最快的逃生路线标注在图中。

名言警句

居安思危，思则有备，有备无患。

——《左传·襄公十一年》

任务分析

一、安全标志

安全标志是用以表达特定安全信息的标志，包括禁止标志、警告标志、指令标志和提示标志四大类型。

（一）禁止标志

禁止标志是制止人们的某些行为的图形标志，其基本形状是带斜杠的圆形框，斜杠和圆形框为红色，内部图形为黑色，底衬为白色。根据《安全标志及其使用导则》（GB 2894—2008），禁止标志共有40个，具体见二维码。

（二）警告标志

警告标志是提醒人们注意周围环境，以避免可能发生危险的图形标志，其基本形状是正三角形边框，三角形边框和内部图形为黑色，底衬为黄色。根据《安全标志及其使用导则》（GB 2894—2008），警告标志有39个，具体见二维码。

（三）指令标志

指令标志是强制人们必须做出某种动作或者采取防范措施的图形标志，其基本形状是圆形边框，内部图形为白色，衬底为蓝色。根据《安全标志及其使用导则》（GB 2894—2008），指令标志有16个，具体见二维码。

（四）提示标志

提示标志是向人们提供某种信息的图形标志，其基本形状是正方形边框，除了紧急出口标志为绿框、白底、绿图形外，其他均为绿底、白图形。根据《安全标志及其使用导则》（GB 2894—2008），提示标志有8个，具体见二维码。

二、求救信号

（一）烟火信号

燃放三堆火焰是国际通行的求救信号，火堆摆放为三角形，且每堆之间的间隔相等最为理想。如果条件有限，点燃一堆火也行。

为使烟火更易被人发现，白天可在火堆中添加青草、树叶或蕨类植物使其产生浓烟；晚上应点燃干柴，使火升高、升旺。

（二）地对空信号

在比较开阔的地面，如雪地、海滩、草地等，利用树枝、碎石等拼成标志信号，引起空中注意进行求救。国际民航统一规定的地空联络符号有：SOS（求救）、HELP（帮助）、WATER（水）、INJURY（受伤）、DOCTOR（医生）、SEND（送出）、LOST（迷失）、TRAPPED（发射）。

（三）声音信号

遇到危险时，可根据距离和周围环境，利用口哨、呼喊等发出“三短、三长、三短”的求救信号，间隔1分钟后重复。“三短、三长、三短”为国际通用的求救信号，其中，长信号时间长度约是短信号的3倍。“三短、三长、三短”求救信号不仅适用于声音，同样也适用于信号灯、反光片等。

（四）旗语信号

将一面旗子或一块颜色鲜艳的布料系于木棍上，求救者持棒在身前做“8”字形运动，注意向左侧长划、右侧短划。

（五）反光信号

利用明亮的材料，如镜子、玻璃、某些金属片等反射太阳光射出信号光进行求救。

（六）留下信息

当离开危险地时，留下地面信号物和方向指示标志有助于他人对自己施救。例如：用岩石或碎石摆成箭头形状，指示行动方向。

实践与提升

紧急求救信号应用演练

活动目标：

生活中的危险具有不可预见性，此次演练的目标是提升紧急求救能力。

活动准备：

1. 紧急求救案例若干。
2. 发出求救信号所需材料：树枝若干、颜色鲜艳的布料若干、明亮反光材料若干、碎石若干等（小组自行准备）。
3. 选择实操演练地点，要求空间大，便于实操演练。

活动过程：

1. 分小组，6人一组，一人演练，其余人观摩并记录。
2. 演练人员抽取紧急求救案例，并根据案例利用小组准备的材料发出求救信号。
3. 角色互换，轮流操作，前后的求救信号不能重复。

云课堂

扫描二维码，观看视频《军营版荒野求生记》。

任务评价

学生自评/互评表

班级：　　　　　　　　　　姓名：　　　　　　　　　　学号：

评价项目	评价标准	分值	自评	互评
学习态度	积极学习相关材料，认真完成作业和学习任务	15		
专业知识	了解安全标志的分类，掌握安全标志的含义	20		
研讨精神	积极参加讨论，对其他人的发言能提出合理的分析和见解	15		
团队协作	能很好地融入小组讨论，共同推进学习进程	15		
情怀素养	尊重生命，敬畏生命	15		
实践应用	能够熟练应用求救信号	20		
合计		100		

教师评价表

班级：　　　　　　　　　　姓名：　　　　　　　　　　学号：

<table>
<tr><th colspan="2">评价项目</th><th>评价标准</th><th>分值</th><th>得分</th></tr>
<tr><td colspan="2">考勤</td><td>无迟到、早退、旷课现象</td><td>10</td><td></td></tr>
<tr><td rowspan="3">专业知识</td><td rowspan="3">绘制校园安全标志</td><td>能识别校园内的安全标志</td><td>10</td><td></td></tr>
<tr><td>能正确绘制安全标志</td><td>10</td><td></td></tr>
<tr><td>能准确理解安全标志的含义</td><td>15</td><td></td></tr>
</table>

续表

评价项目		评价标准			分值	得分
专业知识	宿舍楼逃生	能正确绘制宿舍楼结构图			10	
		能绘制宿舍楼内的安全标志			10	
		能绘制紧急情况下宿舍楼的逃生路线			10	
	紧急求救信号应用演练	能根据案例选择合适的材料			10	
		能根据案例发出正确的求救信号			15	
合计					100	
综合评价		自评(20%)	互评(30%)	教师评价(50%)	综合得分	

任务二 逃生自救 器具助力

任务描述

面对危险，要沉着冷静，积极自救和互救。学习逃生救护器具的使用方法，有利于降低各类突发危险造成的伤害。

1. 分小组讨论，完成工作表单1。

2. 分析案例《韩国梨泰院踩踏事故》，完成工作表单2。

任务准备

1. 明确主题、任务与内容。

2. 分小组，4—6人为一组，选定小组长或主持人。

3. 选择讨论地点，排列座位。

任务实施

工作表单1

当身处险境，身边又没有专业逃生器具时，要会巧用身边物品帮助自己摆脱困境。小组讨论哪些物品可以用于应急逃生，并完成下表（每人至少提出两种书本中没有介绍的物品及使用方法）。

物品	
应用场景	
使用方法	

工作表单2

韩国梨泰院踩踏事故

2022年10月29日晚，韩国首尔龙山区梨泰院发生大规模踩踏事故，造成数百人死伤，这是自“世越号”沉船事故以来韩国最严重的一次灾难。

了解韩国梨泰院踩踏事故，分析其发生的原因	
谈谈你了解的踩踏事故逃生方法	

名言警句

君子生非异也，善假于物也。

——《荀子·劝学》

任务分析

一、交通事故逃生及器具使用

随着生活方式的改变，人们利用私家车、动车、地铁、飞机出行的频率越来越高，了解这些交通工具的应急逃生和自救器具使用方法，能帮助我们正确应对危险，减少伤害，抢得生机。

（一）汽车事故逃生及器具使用

1.汽车落水逃生

据不完全统计，我国平均每年汽车落水事件达300起，如果不幸遭遇汽车落水，掌握正确的逃生方法很重要。首先，保持冷静。汽车刚落水时，车内人员要保持冷静，不能慌张，也不能被动等待救援，要积极自救。其次，打开逃生出口逃生。为防止后续因电路系统失灵而无法操作，应第一时间快速打开逃生出口：车门、天窗、左右车窗、后备厢；如果无法打开以上逃生出口，考虑使用安全锤砸开车窗，最好是敲打侧窗玻璃的边缘和四角；如果以上方法均无法逃生，待车内外水位相等时，深吸一口气用力推开车门。最后，浮在水面，等待救援。从车内逃出后，要保持面部朝上。不会游泳者在砸开车窗前要尽量找一些空水瓶、装满空气的塑料袋、救生衣等漂浮物品并抱住。

2.汽车自燃逃生

汽车电路老化引起短路或者油路老化引起漏油等都有可能引起汽车自燃。通常，汽车自燃都是有前兆的，如仪表不亮、水温过高、行驶中车身有异味（煳味、焦味等）、冒出烟雾等，在这种情况下，应立即靠边停车并熄火，同时切断电源。如果引擎盖有烟雾散出来，戴上手套或隔热的东西，拉起引擎盖开关，使其弹开，用灭火器从缝隙向发动机舱内喷射灭火。灭火时注意不要把引擎盖全部打开，否则大量空气进入会引发轰燃。如果火势较大无法自行处置，应迅速远离着火车辆，然后报警请求救援。

3.汽车上常用的急救器具

汽车上常用的急救器具有三角警示牌、安全锤、拖车绳、手套、小型灭火器、哨子、手电、千斤顶等。以下简单介绍常用的三种。

（1）三角警示牌。当汽车发生故障时，一般将三角警示牌放置在车后方50—100米的位置，在高速公路上，距离应该更远，放置在车后方150米左右，用于警示后车，避免造成追尾。一般在大风环境中，为避免三角警示牌被吹倒，应用石头或其他重物将其压住，使其保持稳定。

（2）安全锤。通常公交车、长途大巴、动车、高铁、地铁等的玻璃窗附近都有固定的安全锤，同时贴有醒目的安全锤标志。私家车通常不配备安全锤，需要车主自行配备，可以选择便携式破窗器。紧急情况下，拿起安全锤，敲击车窗玻璃的四个角，玻璃破碎后便于人员紧急逃生。

（3）拖车绳。首先找到牵引车和被牵引车的挂钩位置，挂钩位置通常设在保险杠下面。然后卸掉保险杠上的盖子，再安装拖车挂钩，连接拖车绳。若拖车绳两端没有安装拖车挂钩，则使用活结捆绑。拖车绳固定完成后，牵引车缓慢起步，保持平稳行驶。

（二）动车事故逃生及器具使用

动车紧急逃生设施有紧急逃生窗、紧急制动阀、火灾报警按钮、防护网、安全锤、紧急制动按钮、应急梯、安全渡板、防火隔断门、卫生间SOS按钮等。下面简单介绍其中的四种。

1.紧急逃生窗

每节车厢中有四个紧急逃生窗（带有红点的玻璃窗）。紧急逃生窗旁边配备了安全锤，当发生意外时，乘客可以用安全锤尖部敲击紧急逃生窗红点处，击碎玻璃窗以后逃生。

2. 紧急制动阀

当列车发生火灾等危及行车安全和人身安全时，应使用紧急制动阀停车。要立即将制动阀手把向全开位置拉动，直到全开为止，拉动过程中不得停顿和关闭。遇弹簧手把时，在列车完全停车以前，不得松手。在长大下坡道上使用制动阀，必须先看风压表，如果风压表指针已由定压下降到100 kPa，就不得再使用紧急制动阀（遇折角塞门关闭时除外）。紧急制动阀在紧急情况下才可使用，不得轻易使用。

3. 火灾报警按钮

在每节车厢两端，各设有火灾报警按钮。紧急情况下，可按下按钮，驾驶室和乘务员室的显示屏上会显示报警信息且有蜂鸣声。在不涉及安全的情况下，乘客不能随意按动该按钮。

4. 卫生间SOS按钮

当乘客在卫生间发生突发情况时，可以按下SOS按钮进行求救。

（三）地铁事故逃生及器具使用

地铁应急设施有火灾紧急报警器、自动扶梯紧停装置、车站站台紧急停车按钮、屏蔽门手动解锁装置、紧急报警器/通话器、紧急开门装置、灭火器等。

1. 火灾紧急报警器

通常，地铁站的站厅、站台墙上等处安装有火灾报警器。根据报警器的样式不同，报警方式略有不同，如下拉手柄报警、按压报警按钮报警等。通常火灾手动报警器附近有报警方式文字说明。

2. 自动扶梯紧停装置

地铁站内自动扶梯的两端均安装有电梯紧停装置。当发生紧急情况须停止电梯运行时，可按压紧停按钮。

3. 车站站台紧急停车按钮

紧急停车按钮通常设置在地铁站台墙上。当发生危及安全的情况时，击碎紧急停车按钮上方的玻璃并按压按钮3秒以上，列车将紧急停车。

4. 屏蔽门手动解锁装置

当列车进站停稳后屏蔽门无法自动开启时，可使用屏蔽门上的手动解锁装置。根据解锁装置的样式不同，解锁方式略有不同。通常屏蔽门上附有手动解锁方式文字说明。

5. 紧急报警器/通话器

当发生紧急情况时，乘客可通过按下车顶或车厢两端的紧急报警器/通话器按钮报警或与司机对讲。通常紧急报警器/通话器旁边附有文字使用说明。

（四）飞机事故逃生及器具使用

通常而言，空难有高空解体、起飞失事和降落坠毁三种类型，绝大多数空难发生在黑色10分钟：起飞阶段的3分钟和降落阶段的7分钟。据说失事后90秒是逃生的黄金时间，把握“黄金90秒”，可以大大提高生存概率。

1. 空难逃生

紧急情况发生时，首先要摘除身上所有的坚硬物品，包括首饰、眼镜等。机舱“破裂减压”，氧气面罩脱落时，听从空乘人员的指挥佩戴好氧气面罩；机舱内出现浓烟时，用湿毛巾等捂住口鼻、保持低姿态；水上迫降时，穿上救生衣，通常救生衣放置在座椅底下；迫降时采取防冲击姿势，头部尽量向前倾，贴近膝盖或者前排座位的靠椅，小腿尽量向后收，超过膝盖垂线。遇到紧急情况，不要迫不及待地解开安全带准备逃生，因为强大冲击会对身体造成致命的伤害，因此，紧急逃生一定要听从空乘人员的指挥。

2. 飞机上的逃生器具使用

（1）氧气面罩：当座位上方的氧气面罩脱落时，把氧气面罩用力拉向自己直到管子完全伸展，用面罩罩住鼻子和嘴，把松紧带套在头上，适当调整好面罩，放松呼吸。在帮助别人之前，先调整好自己的面罩。

（2）救生衣：飞机上的救生衣位于座位下方的口袋中，必要时用手将救生衣取出，经头部穿好，将带子由后向前系于腰间，扣好并系紧。用力向下拉动充气阀门后，救生衣就会自动充气。如果充气不足，可以取出救生衣中的人工充气管，用嘴进行充气。应听从空乘人员的指挥进行充气，提前充气会影响通过逃生门及附近人员的逃生。大人应先穿好救生衣，再帮小孩穿。

（3）应急滑梯：应急滑梯打开后，在空乘人员的指挥下，双手交叉抱臂，从舱内跳出，落在梯内时手臂姿势不变，双腿并拢打直，后脚跟紧贴梯面，收腹弯腰，滑到梯底后迅速离开。飞机应急滑梯是飞机出现紧急情况用于迅速疏散乘客的设备，它必须在充气控制机构启动后10秒内竖立，是复杂的安全装置，技术要求高、成本高，且只能一次性使用。乘机时千万不能因为好奇导致启用飞机上的应急滑梯，否则不仅会造成资源浪费，还将面临行政拘留和高额罚款。同样，飞机上的逃生门也不可随意触碰。

二、踩踏事故逃生及器具使用

世界各国均发生过不同程度的踩踏事故，为了避免遭遇踩踏事故，我们必须认识踩踏事故、了解事故发生的原因，并掌握遭遇踩踏事故时的自救方法。

（一）认识踩踏事故

踩踏事故指在聚众集会中，尤其是在集会人群产生拥挤移动时，有人意外跌倒后，后面的人因不明前方情况而继续前行，造成对跌倒的人踩踏、加剧拥挤、跌倒人数增加等一系列恶性循环的群体伤害的意外事件。

踩踏事故多发生在空间有限且人员相对集中的场所，例如学校、商场、狭窄的街道、楼梯、电影院、运动场等。当遭遇踩踏事故时，轻则受伤，重则可能导致死亡。

（二）踩踏事故发生的原因

踩踏事故多由以下几种常见的原因引发：

（1）当人群较为集中时，前面有人摔倒、蹲下系鞋带或者捡物品等，后面的人群由于没有留意且未及时止步，形成“多米诺骨牌”一样的连锁倒地踩踏现象。

（2）人群因受到惊吓产生恐慌而造成场面失控，在无组织无目的的逃生中相互拥挤踩踏。

（3）人群因过于激动、兴奋、愤怒等造成场面混乱，易发生踩踏，如大型的演唱会、体育赛事现场等。

（三）踩踏事故的自救

1. 尚未进入人群

避让向自己涌来的拥挤人群；不要奔跑，以免摔倒；远离玻璃，避免因玻璃破碎而被扎伤；稳住双脚，不要被绊倒；如无法避开，抓牢扶手或坚固牢靠的柱子。

2. 进入人群

保持镇静，不要乱喊乱叫或推搡他人；用小步行走，稳定重心，跟随人流，不要逆流行走；不要采取体位前倾或者低重心姿势，不要提鞋、捡东西等；寻找身边坚固物件掩体躲藏，等待人群退去；如果有背包，将背包置于胸前；保持拳击式姿势，即移动时双手握拳架在胸前，就像“拳击手”的防守姿势，胸前形成一定的空间；尽量走向人群的边缘或者靠墙；采用“人体麦克法”自救。

3. 被挤倒或绊倒

大声呼喊寻求周围人员的救助，并尽快站起来；跪卧自救，即若无法起身，头顺着人流方向，快速蜷缩护颈，将身体蜷缩成球状，用双臂保护头部及胸腔，腰向上呈弓形，将脚腕部、小腿与大腿、大腿与躯干、躯干与大臂、大臂与小臂，均调整为三角形以支撑身体，等人群过后，迅速爬起离开；侧卧自救，即若被侧位挤倒，迅速用双臂保护头部及胸腔，身体屈曲，下肢蜷缩，手肘和膝盖连起，形成空腔区域。同时设法靠近墙壁或寻找机会将身体从侧卧调整为跪卧。

（四）AED使用

1. 认识AED

AED全称为自动体外除颤仪（Automated External Defibrillator），是一种可被非专业人士使用的用于抢救心脏骤停患者的便携式医疗设备，被称为“救命神器”，可以诊断特定的心律失常，并且给予电击除颤。

对于心脏骤停的患者，如果在4分钟（又称“黄金4分钟”）内进行心肺复苏，可能有半数患者被救活。早期有效使用AED和进行心肺复苏，能有效抢救心脏骤停患者。

2. 使用AED

当患者无接触倒地，且无反应、无呼吸时，应立即使用AED，并根据AED的指示进行除颤。

（1）找到AED。在人流量大的公共场所，如学校、地铁站、火车站、飞机场、商场等，AED一般放置在墙上的AED存储箱内，存储箱周围有鲜明的提示标志，大多为心形图案、闪电图案、心电图等元素的组合。

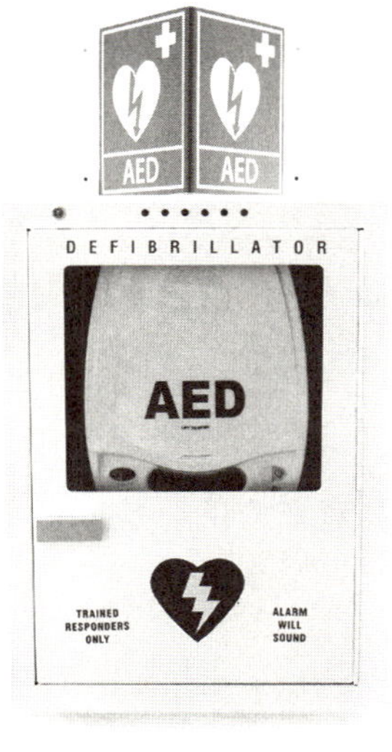

（2）确认患者周围环境是否安全，尽量将其转移至安全处。

（3）找到AED电源开关并开机，根据设备语音提示进行操作。

三、巧用身边物品自救逃生

（1）私家车发生紧急情况时，如果没有三角警示牌，可用一些颜色鲜艳的物品，如塑料桶、树枝等代替。

(2)发生洪灾时,可以搜集身边的木盆、木材、大件泡沫、塑料等适合漂浮的材料,制成应急逃生装置。

(3)被困时,可以收集手电、口哨、镜子、打火机、色彩艳丽的衣服等制成信号类的物品。

(4)被困3楼及其以下楼层,且身边没有长绳时,可以利用床单、被罩等生活用品结绳逃生。

(5)当出现轻微伤口和轻微出血时,可使用纸巾盖住伤口,然后用胶带固定作为简易绷带止血。

(6)在火灾现场,可以将毛巾、衣物弄湿绑在面部并遮盖口鼻,作为简易防烟面罩。

(7)急救中,尺子、树枝、厚杂志、雨伞、筷子等可以在骨折时当作夹板使用,丝巾、围巾等可以当作绷带、吊带使用,手帕、毛巾等可以用来包扎、止血,冷冻后的水、食物等可以用毛巾包裹后冷敷使用,鞋带、腰带、头绳等可以用来绑扎止血或防止毒素蔓延。

(8)门板、短梯或者两根坚硬的长杆以及毛毯或衣物等可以用来制作简易担架。

实践与提升

AED急救实操演练

活动目标:

AED被称为"救命神器",此次演练的目的是提升AED实操应用能力。

活动准备:

1.AED、急救训练人体模型若干。

2.选择急救实操演练地点,要求具有一定的空间,便于实操演练。

活动过程:

1.分小组,6人一组,一人急救,一人协助,其余人观摩。

2.角色互换,轮流操作。

3.老师点评。

注意事项：

1. 急救人员需要判断被救人员的呼吸情况。
2. 协助人员要拨打120求救。
3. 两人配合完成模拟AED急救全流程。

云课堂

扫描二维码，阅读《你不知道的厨房“灭火器”》。

任务评价

学生自评/互评表

班级：　　　　　　　　姓名：　　　　　　　　学号：

评价项目	评价标准	分值	自评	互评
学习态度	积极学习相关材料，认真完成作业和学习任务	10		
专业知识	了解火灾、踩踏事故的逃生方法，掌握本任务中救护工具的使用方法	20		
研讨精神	积极参加讨论，对其他人的发言能提出合理的分析和见解	10		
团队协作	能很好地融入小组讨论，共同推进学习进程	15		
沟通交流	能清晰准确地表达自己的观点，与他人交流时态度语气恰当	15		
信息素养	会检索有关自救的文献，并主动阅读学习	10		
实践应用	根据场景，能够利用AED进行急救	20		
合计		100		

教师评价表

班级：　　　　　　　　　　　　姓名：　　　　　　　　　　　　学号：

<table>
<tr><th colspan="2">评价项目</th><th colspan="3">评价标准</th><th>分值</th><th>得分</th></tr>
<tr><td colspan="2">考勤</td><td colspan="3">无迟到、早退、旷课现象</td><td>10</td><td></td></tr>
<tr><td rowspan="9">AED急救实操演练</td><td>评估安全</td><td colspan="3">巡视上下左右4个点，判断周围环境安全</td><td>10</td><td></td></tr>
<tr><td rowspan="3">识别阶段</td><td colspan="3">轻拍患者双肩，呼叫患者，声音响亮</td><td>10</td><td></td></tr>
<tr><td colspan="3">下达指令，表达清晰</td><td>10</td><td></td></tr>
<tr><td colspan="3">患者取仰卧位，且置于安全位置，翻转体位时保护其颈部；施救者平肩跪下，双膝与肩同宽</td><td>10</td><td></td></tr>
<tr><td rowspan="2">心肺复苏</td><td colspan="3">正确检查呼吸与脉搏</td><td>10</td><td></td></tr>
<tr><td colspan="3">根据需要实施心肺复苏</td><td>10</td><td></td></tr>
<tr><td rowspan="2">AED除颤</td><td colspan="3">粘贴电极片位置正确</td><td>10</td><td></td></tr>
<tr><td colspan="3">AED分析心率和除颤时，按压中断，施救人员和周围人员不接触患者</td><td>10</td><td></td></tr>
<tr><td>整体质量</td><td colspan="3">操作熟练，动作规范，流程顺畅，配合默契，有人文关怀</td><td>10</td><td></td></tr>
<tr><td colspan="5">合计</td><td>100</td><td></td></tr>
<tr><td colspan="2" rowspan="2">综合评价</td><td>自评(20%)</td><td>互评(30%)</td><td>教师评价(50%)</td><td colspan="2">综合得分</td></tr>
<tr><td></td><td></td><td></td><td colspan="2"></td></tr>
</table>

项目二

有话好好“说”

知识目标

1. 了解大学生在社会交往中好好说话的重要性和阻碍大学生好好说话的原因。
2. 熟悉社会交往的基础、原则，在社交活动中有安全防范意识。
3. 掌握报警及求救的常见形式和方法。

技能目标

1. 具备认识和判断社交活动中不同侵害行为的能力。
2. 能够运用有效方法“呼救”，保障自己的人身安全。

素质目标

1. 能够正确看待人与人之间的关系，自觉提高个人修养。
2. 提升法治观念，树立自救和互救意识。

导　言

现代社会是一个开放、竞争的社会，人人都离不开社交活动。大学生群体社交形式多样，社交内容广泛，如何增强自己的社交能力，学会与人交往，正确化解和处理社会交往中产生的矛盾，最关键的是好好“说话”，而底气就在“修身律己，先思后语”。当遇到险境时，如何有效“呼救”，也离不开好好“说”。

知识图谱

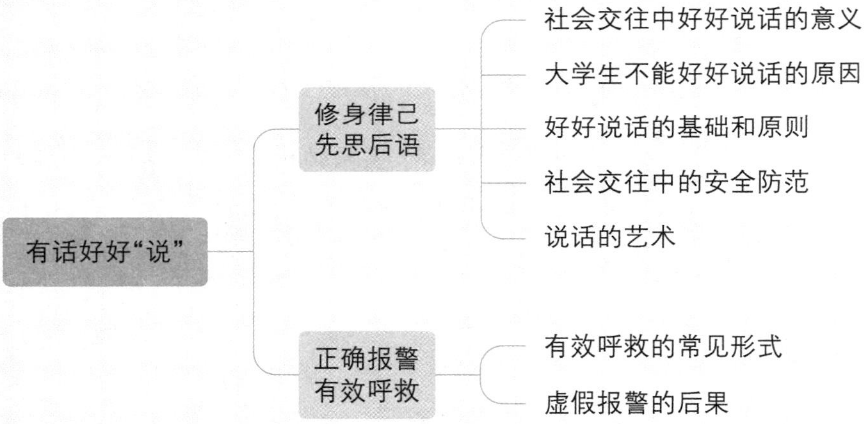

任务一　修身律己　先思后语

任务描述

大学校园本是一片净土，但是近年来，由于社交冲突引发的大学生人身伤害案件时有发生。大学生在社会交往中要牢固树立“珍爱生命，安全第一”的思想，增强安全防范意识，加强遵纪守法的观念，努力提高个人修养，保护好自己的人身安全。

1. 小组合作收集有关大学生人身侵害的案例，完成工作表单1。

2. 对照大学生社会交往问题类型表的内容，完成工作表单2。

任务准备

1. 分小组，4—6人为一组，选定小组长。

2. 收集有关大学生人身侵害的类型及相关案例、涉及的法律法规。

任务实施

工作表单1

侵害类型	案例	相关法律法规	案例分析（从事件产生的原因和防范措施两方面分析）
校园暴力			

工作表单2

对照二维码中《大学生社会交往问题类型》表的内容，看看自己属于哪一类型，并完成下表。

大学生社会交往问题类型自测表

对照大学生社会交往问题类型，明确自身存在的问题，写出自己在社交活动中具备哪些积极特质（例如：真诚、热情、友好、理解等）或者希望自己成为哪种人	
针对自己的不足之处，打算怎样做出改变	

名言警句

与人善言，暖于布帛；伤人以言，深于矛戟。

——《荀子·荣辱》

任务分析

社会交往的基础就是交流，语言就是工具，因此，在大学阶段，培养好好说话的能力不仅能够养成健康积极的个性，提高自身综合素质，也能与他人建立良好的社交关系，获得更多的成长机会，保障交往安全。

一、社会交往中好好说话的意义

这里的好好“说话”，就是指人与人之间的沟通。在当下激烈的社会竞争环境中，评价人才的一项非常重要的标志就是沟通能力，具有良好的沟通能力是个体能够成功的首要能力之一。

（一）满足社会交往需求

马斯洛需求层次理论把人的需求从低到高依次分成生理需求、安全需求、社交需求、尊重需求和自我实现需求五个层次。其中，社交需求又称归属与爱的需求，属于较高层次的需求，包括个体要求被接纳、爱护、关注、鼓励、支持等。

进入大学后，大学生逐渐建立起新的生活圈子，他们渴望从中获得良好的社交关系、同伴的友谊以及团体的认同。大学生思想活跃、感情丰富，对交往有强烈的需求。

（二）促进大学生的自身发展

具有良好社交能力的学生，往往能够“好好说话”，以恰当的方式表达自己的观点，他们通常拥有乐观的心态，能够应对日常生活中的各种挑战，有效减少学习与生活中的摩擦。在这个过程中，他们不仅提高了解决问题的能力，还逐渐塑造了积极向上的心态，并因此获得更多自我提升和成长的机会。

（三）保障大学生的人身安全

近年来，大学生因社交冲突而引发的过激行为时有发生，人身伤害案件屡见不鲜。这些社交冲突和矛盾大多由口角引起。俗话说“病从口入，祸从口出”。在与他人交往时，“有话好好说”，不仅可以维系良好的社交关系，妥善处理生活中遇到的一些矛盾，还能够体现当代大学生的文明素质和修养。

二、大学生不能好好说话的原因

大学生不善说话、不善表达、不善交往的原因有多种，但主要原因有以下几方面。

（一）以自我为中心

当代大学生多为独生子女，在交往过程中自我意识较强，往往倾向于强调别人应该对自己认可，得到别人的理解、接纳和尊重，而不会对自己有太多的要求。部分学生在与他人交往的过程中往往以自我为中心，说话时忽略他人的感受和需要，容易导致矛盾和极端行为。

(二)功利心过重

交往的本质是建立情感联系,找到志同道合的朋友。但有些大学生在和别人交往时,往往专注于个人的需要和利益,只和“有用”的人交往,认为“实用即真理”。在交往中一旦自我感觉到不平等或对方没有给自己预期的好处,很容易表露出不满,往往会导致矛盾。

(三)内心自卑闭塞

有些大学生由于家庭经济情况、学习成绩以及个人能力或外貌等,容易产生自卑心理,他们惧怕社交,甚至“拒人于千里之外”。有些大学生由此养成了独来独往的习惯。这种消极的自我封闭状态,使大学生在社会交往过程中,不敢表达自己的真实想法,不喜欢与他人交流,容易造成个性上的偏执,遇到困难时,通常会选择自我消化,从而易陷入负面情绪的恶性循环。

(四)有嫉妒心理

嫉妒是一种消极的心理品质。有的大学生与他人在才能、名誉、地位等方面进行比较后会产生羞愧、愤怒等心理,对别人的长处或成绩心怀不满,甚至因为嫉贤妒能对他人进行讽刺、挖苦、诋毁,从而导致社交冲突和交往障碍。

(五)不懂控制情绪

有些大学生遭遇不顺心的事情,不懂得控制自己的不良情绪而随意向他人发泄,不顾及说话的态度和语气,让他人难以接受,甚至让他人觉得其有恶意。

三、好好说话的基础和原则

良好社交关系的形成,与每个人自身的素质修养密不可分。讲话时要注意听者的感受,不失口于人,懂得换位思考,先思后语,有意识地自我修炼好好“说话”的能力,对大学生的成长以及交往安全极为重要。

(一)好好说话的基础

修身律己是好好说话的基础和前提。《孟子·离娄上》中说:“人有恒言,皆曰‘天下国家’。天下之本在国,国之本在家,家之本在身。”直接点明家庭的根本在于每个人自身,齐家之要在于修身,修身是齐家的前提。作为新时代大学生,学习修身之道是时代发展的需要,是社会交往的基础与前提。

青年修身是实现人生价值的需要,也是国家发展的要求,关系到党和国家的前途命运，关系到中国特色社会主义事业的兴旺发达。当代大学生正处于学习的黄金时期，处于人生阅历积累阶段，要把自己造就成强国栋梁，就应该修身律己，培养好好说话的能力，为形成良好的社交关系打牢修养根基。

（二）好好说话的原则

大学生培养好好说话的能力，建立良好的社会交往关系，应把握以下原则。

1. 尊重平等原则

每个人都有自己独立的人格、尊严和法律上的权利和义务，人与人之间的关系是平等的。大学生在交往过程中，不能以他人的家庭、相貌、能力、经济条件等差异选择交往对象，不能歧视他人，尊重他人是赢得被尊重的前提。

2. 真诚守信原则

真诚是人与人之间沟通的桥梁，只有以诚相待，才能使交往双方建立信任感。诚信是中华民族的传统美德之一，"八德"中讲"信"，"五常"中也强调"信"。诚信是满足人的安全需要、保持社会交往的重要前提。在和朋友的相处中，要做到真心实意，不伪善、不隐瞒，同时也要做到信守承诺。

3. 互助互惠原则

互相关心、互助互惠，是社会交往的客观需求。大学生在日常学习和生活中，难免会遇到各种问题和困难，需要得到老师和同学的关心与帮助。大学生要乐于助人，在别人需要帮助时奉献自己的力量。

4. 仁爱宽容原则

仁爱是儒家文化的关键思想，也是儒家文化中保持良好社会交往关系的首要内容。人与人交往，要做到相互友爱、恭敬，懂得互相帮助、关爱他人。宽容是践行仁爱的方法，也是仁爱的外在表现形式。在社会交往中，大学生要谦让大度，遇到问题要冷静思考、认真分析、消除误解、化解矛盾。严于律己，宽以待人，才容易与他人沟通、交往，交到更多的朋友。

四、社会交往中的安全防范

当大学生在社会交往中与他人发生矛盾时，不懂得"好好说话"，容易陷入交往危机。矛盾如果不能得到及时有效的处理，会导致社交关系的进一步恶化，甚至造成严重的后果。

（一）预防打架斗殴

打架斗殴不仅威胁人身安全，严重时还可能导致行为人被学校开除或触犯法律。校园里常见的打架斗殴事件有如下几种。

一是突发性打架斗殴。突发性打架斗殴往往是由于偶然的起因，当事人一时冲动，不能冷静处理而引起的。二是报复性打架斗殴。大学生一般自尊心都很强，在吃了亏、受了委屈或受到伤害后，会产生不良情绪，有时甚至产生报复心理，进而引发打架斗殴事件。三是演变性打架斗殴。一些摩擦和误会产生后，如果没有及时解决就有可能积怨变深，最终引发打架斗殴。四是群体性打架斗殴。当事人不辨是非，例如老乡或朋友与他人发生纠纷后，盲目讲究"哥们儿义气"，导致群体性斗殴发生。

大学生遇事要冷静，不冲动、不盲从，学会理性、及时化解矛盾冲突，避免造成人身伤害甚至伤及生命。

（二）预防校园暴力

校园暴力是一种常见的危害学生人身和财产安全的暴力行为。校园暴力不仅给受害者带来严重的身体创伤，更会给受害者留下长期的心理阴影。

1.学会释放心理压力

大学生要学会管理自己的情绪，并通过健康的方式释放不满、愤怒和痛苦，如进行快跑、拳击等激烈的体育运动，或与朋友交流，以减轻心理压力。同时，要学会自我调适，学会处理现实与理想之间的矛盾。面对心理压力，应保持冷静，理性思考，避免产生消极的想法和采取极端的行为。

2.增强法律意识和法治观念

大学生可以通过看书、参加学校讲座、观看普法视频等方式自觉加强法治教育，了解法律，知道不良行为的法律后果，做到知法、懂法、守法；应积极培养高尚的审美情操，不接触不健康的书、刊、音、影、游戏等，不模仿影视或游戏里的暴力行为，自觉抵制暴力文化的散播，不做施暴者。同时，应避免成为施暴目标，如个人贵重物品应妥善保管，不在公共场合显露财物，夜间外出时尽量与同学结伴而行。大学生还要学习一些基础防身术，一旦遭遇侵害，能进行自我保护，将伤害降到最低限度。

（三）预防性侵犯

性侵犯（包括性骚扰和性侵害）是危害高校学生人身安全、身心健康的主要行为之一，会给侵犯对象的身心造成极大的伤害，严重者导致精神崩溃，甚至自杀、杀人等后果。

1. 树立防范意识

在校内校外的各种活动场合，要提高自我保护的警觉性。对他人污秽暧昧的言语、挑逗暗示的动作，要坚决表明排斥的态度。

2. 仪表言行得体

穿着不要过分性感暴露，打扮不要浓妆艳抹。在言行举止方面，要懂得自尊自爱，不要与异性过分亲昵暧昧，尤其与异性要"有话好好说"，把握好说话的尺度。在娱乐活动中，不要有轻佻、挑逗性动作，避免给自己带来潜在的危险。

3. 注意交往安全

根据调查，多数性侵犯发生在熟人之间。在社会交往中，要留意对方日常言行表现出来的人品、道德修养等；结交新朋友时，要善于观察对方言行，注意对方交往的真实目的，如果发现对方有过分亲昵的举动、挑逗性语言等，要及时果断地终止来往。不要在交往中轻信甜言蜜语，不要单独跟新朋友去陌生的地方、过量饮酒，不接受贵重馈赠，把握好交往尺度。

4. 留意环境安全

性侵犯一般都发生在独处时或偏僻地，大学生晚上尽量不要单独外出，避免独自乘出租车等交通工具去偏远的地方，如确有必要最好结伴而行；行走时选择行人较多、路灯明亮的道路。经过建筑工地、废弃厂房等处要特别小心。

5. 警惕社会活动安全

大学生应慎重参加各类聚会、兼职、实习、求职面试等，前往聚会场所和应聘单位时，最好邀请同学结伴而行。在实习或兼职时，不宜在异性的办公室或寝室长时间停留。

五、说话的艺术

说话是进行语言沟通、感情传达、思想交流的主要方式。说话也是一门艺术，会说话可以让人更具有魅力，社会关系更加和谐。

（一）有尺度

古语云，"刀疮易没，恶语难消"。不管是在什么人面前，都要注重礼仪姿态。谈吐要得体适度，注意分寸。切忌"口舌之快"，不顾及他人感受。三思而后行，说的也是一样的道理。当情绪不好的时候，要有意识地克制自己，懂得换位思考，先思后语。

（二）有态度

《礼记》中记载，“君子不失足于人，不失色于人，不失口于人”。语言可以暖心，更可以伤心。一个人说话的态度比内容更重要。人说话的态度中，往往蕴藏着为人处世的大智慧。生活中，总不乏刀子嘴豆腐心的人，但言为心声，无论初衷再好，说话的态度尖酸刻薄，也一样是一把伤人的刀。在社会交往中给人以轻松、欢乐和愉悦的感受，增强感召力和亲和力，能促使社交关系更加融洽。

（三）有温度

同样的话，有的人说出来让对方感觉很舒服，有亲和力，而有的人说出来就很生硬，甚至被人嫌弃。我们与人交流时，面部表情、肢体动作等都会影响对方的感受。在说话方式上，柔和的语气、亲切的语调，可以在情感上拉近距离，增强说话的感染力。热情的赞美、真情的激励，也会起到良好的沟通效果。

实践与提升

团体活动：制订寝室公约

刚步入大学的新生们，对宿舍集体生活充满了向往。营造良好的集体环境，需要室友们的集体努力，一份寝室公约可以律己律人。

活动目标：

通过制订寝室公约，让大家有意识地维护寝室关系，加强自律和互相尊重，共同营造和谐的居住环境。

活动准备：

1. 以宿舍为单位分组。
2. 布置场地，准备活动材料。

活动过程：

1. 制订公约，寝室的每个成员都要参与。
2. 公约制订后，每个人都要认真阅读内容，对各项条款无异议。
3. 签署公约，所有寝室成员需要在公约上签字，表明自愿遵守寝室公约。
4. 老师对同学们设计的寝室公约内容进行点评，并将优秀的寝室公约进行展示。

注意：在制订公约时，应充分考虑同学们的意见和建议，尊重和包容不同的观点。

（　　　　　　　　　　　）寝室的公约：

寝室成员：

云课堂

扫描二维码，阅读《不必害怕尴尬，社交完全可以从"失败"起步》。

任务评价

学生自评/互评表

班级：　　　　　　　　　　　　姓名：　　　　　　　　　　　　学号：

评价项目	评价标准	分值	自评	互评
学习态度	积极学习相关材料，认真完成作业和学习任务	15		
专业知识	了解社会交往的重要性，掌握社交活动中的安全防范要点	20		
研讨精神	积极参加讨论，对其他人的发言能提出合理的分析和见解	15		
团队协作	能很好地融入小组讨论，与组内成员沟通顺畅，共同推进学习进程	15		
技能素养	会检索相关文献，主动阅读学习，且能运用新媒体进行相关练习	15		
情怀素养	积极领悟优秀传统文化的修身处世之道，培养良好的道德品格、言谈举止和交往方法	20		
合计		100		

教师评价表

班级：　　　　　　　　　　姓名：　　　　　　　　　　学号：

评价项目		评价标准	分值	得分
考勤		无迟到、早退、旷课现象	5	
专业知识	人身侵害案例收集与分析	能指出人身侵害的不同类型	10	
		能自主学习案例中涉及的法律法规	10	
		能对案例进行客观正确的分析和总结	10	
	社会交往测验	能客观认识自己在社会交往中存在的问题	10	
		能通过自省培养良好的个性品质	10	
		能树立正确的交友观	10	
	制订寝室公约	目标明确，观点正确，实施合理，维护集体利益	15	
		吐字清晰，声音洪亮，表达准确，举止自然得体	10	
综合表现		课堂表现好，积极参与讨论和学习，学习效果好	10	
		合计	100	

综合评价	自评（20%）	互评（30%）	教师评价50%）	综合得分

任务二　正确报警　有效呼救

任务描述

紧急呼叫，是手机配备的一个功能，以保证人们可以通过紧急呼叫快速拨打报警或求救电话。在手机上开启"SOS紧急求助"功能，在危急时刻，可以用来救命。

1. 设置并开启"SOS紧急求助"功能，添加紧急联系人，完成工作表单1。

2. 汇总并整理出不同手机的"SOS紧急求助"功能设置方式，进行宣传，完成工作表单2。

任务准备

1. 每人准备好自己的手机，在手机"设置"选项里选择"SOS紧急求助"功能。

2. 打开该功能后，连续按键几次，就会自动跳转到紧急求助拨号界面。（不同品牌的手机，功能名称和设置方法稍有不同）

任务实施

工作表单1

在"SOS紧急求助"中添加紧急联系人，在呼叫紧急联系人时，手机还会自动向紧急联系人发送附带当前位置的求助信息。请写下生活中的紧急联系人信息。

紧急联系人	姓名	电话
联系人1		
联系人2		
联系人3		

工作表单2

手机“SOS紧急求助”功能设置方法

手机品牌	设置方法

名言警句

谨慎能捕千秋蝉，小心驶得万年船。

——谚语

任务分析

大学生应掌握不同的报警方式，当遇到危险或紧急情况时，正确报警能够快速有效地呼救，保障自己的人身安全。

一、有效呼救的常见形式

遇到危险时的常见呼救方式有以下几种：

（一）电话报警

报警电话是一根生命线，掌握正确的报警方式可以节约时间，得到更快的营救。在拨打报警电话时，一定要保持冷静，在最短时间内讲清楚事件的基本情况，在警方没有赶到时，也要学会自救。电话报警注意事项：

（1）简要讲清楚发生了什么事情，包括发生的时间、地点，以及当时的状况。尤其要讲清楚地址，便于警察能快速到达现场。

（2）讲清报警人姓名和联系电话，以便110报警服务台、警察与报警人联系。

（3）不夸大警情。

国内常用应急救援电话：

110（公安部门报警电话：遇到无法解决的紧急情况，寻求警察帮助。）

120（急救电话：提供紧急医疗救助服务。）

119（消防报警电话：火灾报警。119还参与其他灾害事故的抢险救援，包括危险化学品泄漏、水灾、风灾、地震、建筑物倒塌等。）

12119（森林防火报警电话：提供森林火灾救援。）

112（移动电话112紧急救难专线：在手机打开后即使没有接收信号，甚至电力极为微弱，任何牌子的手机在任何地点皆可拨通。）

122（交通事故报警电话：发生交通事故，需要交通警察处理的报警求助电话。发生事故时，注意保护现场，不要随意移动伤员以免加重伤害，拨打122电话报警时，要详细说明事故地点和时间、受伤或死亡人数及车辆的损伤情况。）

12395（水上遇险报警电话：及时实施水上救援行动。）

12320（公共卫生热线：如果需要了解关于传染病等方面的信息可拨打公共卫生热线。）

（二）短信报警

中国公安机关统一的公益性短信报警号码12110，是110电话报警的有效补充，属于一种辅助性、非紧急报警求助方式，尤其适用于聋哑人群体的求助报警和不便于使用电话报警的特殊情况。12110后面加上区号，可以方便警方快速定位。短信报警注意事项：

（1）简要写明事件的性质、地点、时间等，保证信息完整、要素齐全。

（2）如不方便接听电话要在短信中强调，并将手机调成静音，以免暴露。

（3）及时关注手机短信，查看是否收到回复。

（4）遇到紧急情况可将短信发送给亲朋好友，请对方帮助报警。

（三）微信报警

除了电话和短信报警，还可以关注当地警方公众号，当遇到危急情况时，采取微信报警方式。许多地方公安机关还开发了微信小程序，在微信上搜索即可找到。

（四）手机SOS快速报警

紧急情况下可以用手机快速报警，例如华为手机，设置"SOS紧急求助"功能后，快速按下电源键5次，可以立刻拨打报警电话，并给紧急联系人发送附带当前位置的求助信息。

(五)发出其他求救信号

其他求救信号详见项目一。

二、虚假报警的后果

遇到危险或紧急情况,我们可以立即报警,但是千万不要报假警,否则会触犯法律。

(一)110虚假报警

110报警电话是维护治安、服务社会、保障公民生命和财产安全的重要工具。报假警是妨碍公安机关执行公务的违法行为,公安机关会视情节轻重和造成的后果按照法律的有关规定,依法对其进行处罚和打击。

《中华人民共和国治安管理处罚法》第二条规定:“扰乱公共秩序,妨害公共安全,侵犯人身权利、财产权利,妨害社会管理,具有社会危害性,依照《中华人民共和国刑法》的规定构成犯罪的,依法追究刑事责任;尚不够刑事处罚的,由公安机关依照本法给予治安管理处罚。”

依据《中华人民共和国治安管理处罚法》第二十三条的规定,扰乱机关、团体、企业、事业单位秩序,致使工作、生产、营业、医疗、教学、科研不能正常进行,尚未造成严重损失的,处警告或者二百元以下罚款;情节较重的,处五日以上十日以下拘留,可以并处五百元以下罚款。

依据《中华人民共和国治安管理处罚法》第二十五条的规定,散布谣言,谎报险情、疫情、警情或者以其他方法故意扰乱公共秩序的,处五日以上十日以下拘留,可以并处五百元以下罚款;情节较轻的,处五日以下拘留或者五百元以下罚款。

(二)119虚假报警

119火灾报警电话是保障人民群众生命财产安全的生命线,如果随意拨打假报火警,也是要负法律责任的。

依据《中华人民共和国消防法》第六十二条的规定,对谎报火警的行为,依照《中华人民共和国治安管理处罚法》的规定处罚。

依据《中华人民共和国治安管理处罚法》第二十五条的规定,散布谣言,谎报险情、疫情、警情或者以其他方法故意扰乱公共秩序的,处五日以上十日以下拘留,可以并处五百元以下罚款;情节较轻的,处五日以下拘留或者五百元以下罚款。

实践与提升

报警情境演练

遇到危险时，报警是一条有效的寻求救助的途径。大学生应掌握正确的报警方式，学会快速准确报警，以便出现危急情况时能够迅速、准确地向有关部门报警，得到及时救助。

活动目标：

学会正确的报警方法，准确运用报警语言。

活动准备：

1. 整理不同情境下的报警方式及报警话术。
2. 分小组练习。

活动过程：

分小组模拟演练不同危险情境下的报警话术，学生互评，老师点评。

启示：

云课堂

扫描二维码，阅读《谎报警情被判刑》。

任务评价

学生自评/互评表

班级：　　　　　　　　　　　姓名：　　　　　　　　　　　学号：

评价项目	评价标准	分值	自评	互评
学习态度	积极学习相关材料，认真完成作业和学习任务	15		
专业知识	了解呼救的类型以及正确报警的途径和方法	20		
研讨精神	积极参加讨论，对其他人的发言能提出合理的分析和见解	15		
团队协作	能很好地融入小组讨论，与组内成员互动顺畅，共同推进学习进程	15		
信息素养	能检索相关文献，主动学习并运用新媒体进行相关练习	15		
情怀素养	增强法治观念，提升自救能力	20		
合计		100		

教师评价表

班级：　　　　　　　　　　　姓名：　　　　　　　　　　　学号：

评价项目		评价标准	分值	得分
考勤		无迟到、早退、旷课现象	5	
专业知识	知识掌握	了解报警的几种形式	5	
		了解正确的报警方式	10	
		掌握不同危险情境下的报警“呼救”方法	10	
	操作能力	能正确认知求救信号	10	
		能根据手机设置方法，完成“SOS紧急求助”功能的开启	10	
		结合所学知识顺利进行报警话术的模拟演练	10	
	小组协作	主题鲜明，积极向上，寓意深刻，极具推广价值	10	
		安全意识强，活动完成度高	10	
		成员能积极参与活动演练，团队意识强	10	
综合表现		课堂表现好，积极参与讨论和学习，学习效果好	10	
合计			100	
综合评价		自评(20%)	互评(30%)	教师评价(50%)	综合得分

项目三

青春不停"跑"

知识目标

1. 了解大学生体育锻炼的意义、种类、方法。

2. 掌握科学锻炼应遵循的基本原则。

3. 了解防灾减灾的基础知识。

技能目标

1. 具备科学健身、安全运动的能力。

2. 具备在各类险境下正确逃生与自救的能力。

素质目标

1. 树立强身健体、健康生活的理念。

2. 树立正确的避险观念与安全意识，在面临险境时能够自救、互救。

导　言

党的二十大报告提出到2035年建成“健康中国”的宏伟目标，强调把保障人民健康放在优先发展的战略位置。在全民健身人人参与、健康中国你我同行的良好氛围中，作为一名新时代大学生，科学健身需要安全先行。在青春不停“跑”的同时，还需要掌握一定的防灾减灾知识，拥有面临险境时“跑路”求生的能力。

知识图谱

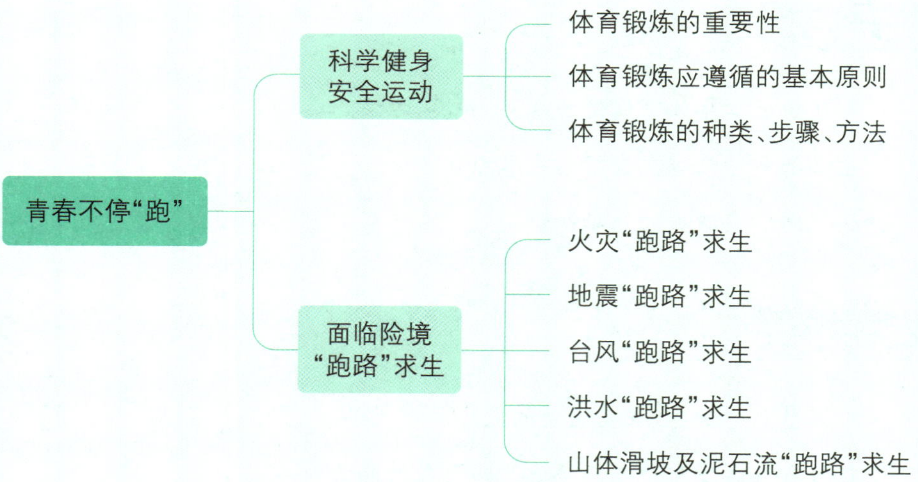

任务一　科学健身　安全运动

任务描述

身体是革命的本钱，健康的体魄是我们一切活动的基础。健康中国建设是一项“人人参与、人人尽力、人人享有”的全民事业，需要每个人付诸行动，为自己、为他人，把好健康关，走好风雨相兼的一程又一程。

1. 盘点成都大运会期间的优秀运动员，完成工作表单1。

2. 通过课前预习，制订一份自己的锻炼计划，完成工作表单2。

任务准备

1. 通过信息查询、视频观看等方式，了解成都大运会中的运动健将及其故事。

2. 准备小组研讨，选择讨论地点，排列座位。

任务实施

工作表单1

开展资料查阅、视频观看、个别访谈等活动，盘点成都大运会赛事，以“我最喜欢的运动员”为主题，完成工作表单1，进行汇报分享。

我最喜欢的运动员

运动员简介	
人物故事分享	
值得学习的地方	

工作表单2

制订一份自己的锻炼计划，完成下表，并在小组内部进行分享。小组讨论出最科学实用、具有代表性的计划并展示，教师进行点评和总结。

一周锻炼计划表

	周一	周二	周三	周四	周五	周六	周日
项目							

填写说明：规律的锻炼需要一个合理的计划，请你根据自己的身体状况和目标，制订出一份合理的训练计划（以一周为单位），项目中可标出运动种类、强度等。建议每周进行3—5次的有氧运动，如快走、跑步、游泳等，每次30分钟以上。

名言警句

近人有言曰：文明其精神，野蛮其体魄。此言是也。欲文明其精神，先自野蛮其体魄。苟野蛮其体魄矣，则文明之精神随之。

——毛泽东《体育之研究》

任务分析

习近平总书记在党的二十大报告中指出，“深入开展健康中国行动和爱国卫生运动，倡导文明健康生活方式。”文明健康的生活方式是公民文明素养和社会文明程度的集中体现，也是人民美好生活得以实现的重要途径之一。2023年8月8日是我国第15个全民健身日，全国健身热潮记录着中国人的健康生活方式和昂扬精神风貌。在全民健身人人参与、健康中国你我同行的良好氛围中，科学健身需要安全先行。

一、体育锻炼的重要性

体育锻炼可以有效增强大学生体质，为其健康发展提供良好的身体素质基础。著名体育教育家马约翰先生曾说：“体育是现如今培养健全人格的最好工具。”体育在陶冶情操、启迪智慧、丰富生活，培养团结、合作、奉献精神和友谊，培养自信心、心理调节能力和健康生活方式等方面都发挥着积极作用。

（一）体育锻炼可以增强意志，培养坚韧不拔的品质

当今世界，生活节奏加快，社会分工更加细化，因此，亟须培养大学生团结合作、坚韧不拔、吃苦耐劳等多方面的品质。运动项目一般都具有辛苦、劳累、激烈、紧张和对抗性强等特点，参加体育运动可以培养勇敢顽强、吃苦耐劳、坚持不懈、机智灵活、沉着果断、谦虚谨慎、团结友爱等优秀品质，使人保持健康向上的心理状态。

（二）体育锻炼可以宣泄不良情绪，培养良好的心理素质

研究表明，人的心理疾病与长期情绪低落、烦躁、压抑等有关。神经心理实验研究表明，人体在进入运动状态时，主管情感的大脑右半球会立即兴奋起来，人将进入一种身心愉悦的氛围中，逐步体会到快乐，并达到精神振奋。大学生群体由于持续地进行紧张学习，极易身心疲劳和精神衰弱，因此，积极参加体育锻炼可以放松身心、消除疲劳、化解不良情绪、缓解心理压力。

（三）体育锻炼可以和谐人际关系，促进个体身心发展

参与集体性体育活动是提升大学生人际交往能力的有效手段。集体性体育活动可以使参与者切磋技艺、沟通思想，有利于建立良好的人际关系。同时，集体性体育活动还有利于陶冶情操、调节情绪和增进心理健康，增强大学生对群体生活的适应性。

（四）体育锻炼可以增强个体体质，助力学业发展

健康的心理源于健康的身体，心理不健康会导致身体异常甚至患病。体育锻炼可以增强个体体质。适度的锻炼能增强心肺功能、增加肌肉力量并促进新陈代谢。健康的体魄能为大学生完成学业和应对其他挑战提供良好的身体基础。

二、体育锻炼应遵循的基本原则

科学的体育锻炼原则是体育锻炼客观规律的反映，也是参与者安排锻炼计划、选择锻炼内容、运用锻炼方法必须遵循的基本准则。以下五项原则是人们在体育锻炼实践中总结出来的经验，为锻炼达到理想效果提供科学指导。

（一）自觉性原则

大学生应该树立“科学锻炼有益健康”的理念，自觉克服各种怕动、懒惰思想和对体育锻炼的麻痹或恐惧心理，代之以自觉、愉悦和积极的心态开展各种形式的体育锻炼活动。作为青年人应有主动进行体育锻炼的意识，充分认识到适量运动对身心健康的重要性。有的大学生参加体育活动，秉持着敷衍了事的心态，这不但达不到应有的锻炼效果，反而容易产生消极的情绪。

（二）渐进性原则

各种体育项目都有其内在规律，参与时不能有急于求成的心态。运动量应由小到大，动作应由易到难、由简到繁，密度也不要过于集中。运动要适当适度，避免过度疲劳。体育锻炼疲劳可反映在身体和心理两个方面，前者如肌肉的胀痛、僵硬，肌力下降，关节活动不灵，心率加快，呼吸加快等；后者如情绪不宁、失眠、注意力不集中、记忆力下降、判断失误多等。

（三）个别性原则

大学生进行日常锻炼时，可根据性别、体格、基础条件等选择适当的项目。确定一个经过努力能实现的目标，制订切实可行的计划，是锻炼能取得成效的基本保证。超量运动、不规律运动等都应及时纠正和避免。锻炼身体是为了促进身心向好发展，如果锻炼方法不当，违背了人体发展规律，会适得其反。

（四）经常性原则

体育锻炼必须经常进行，使之成为日常生活中的重要内容。体育锻炼给予机体刺激，每次刺激都会产生一定的作用痕迹，连续不断的刺激作用则产生痕迹的积累。这种积累使机体结构和机能产生新的适应，体质就会不断增强，动作技能也会不断提升。因此，体育锻炼贵在坚持。

（五）全面性原则

在体育锻炼过程中存在许多有害健康的因素，必须注意预防，以保证安全。第一，要注意气候变化，夏季预防中暑、冬季预防冻伤。大风、大雾天气不宜跑步；交通繁忙、空气污染和高低不平的场地不宜锻炼。第二，要注意自身健康状况，患急性病时必须暂停锻炼，患慢性病时要接受医生的指导。锻炼开始前要进行充分的准备活动；锻炼过程中要遵循技术规范，避免冲撞和外伤；结束后要做放松和拉伸运动，缓解肌肉紧张，促进身体恢复。第三，要注意身体形态和机能、心理素质和品质的全面和谐发展。体育锻炼不同于体力劳动，它包括耐力、速度、力量、灵敏度、柔韧性等许多项目的协调训练，因此大学生体育锻炼要力求均匀全面进行。

三、体育锻炼的种类、步骤、方法

(一)适合大学生的健身项目

第一类,有氧运动的耐力性锻炼项目:如步行、慢跑、走跑交替、游泳、自行车骑行、滑冰、滑雪、划船、跳绳及室内功率自行车、活动平板(跑台)上的运动等。

第二类,伸展运动及健身操锻炼项目:如广播体操、太极拳、气功、五禽戏、八段锦、健身操、健身舞蹈及各种医疗体操和矫正体操等。

第三类,力量型锻炼项目:如引体向上、俯卧撑、平板支撑、卷腹、弓步拉伸、举重、负重臀桥等足以健美体格的项目。

(二)大学生科学锻炼可遵循的步骤

大学生可以遵循一定的健身步骤,科学健身。

1.制订健身计划

制订一份具体的健身计划,包括每周的锻炼频率、时间和目标等,以帮助自己更好地坚持健身。

2.选择恰当的方式

选择适合自己的健身方式,比如跑步、骑车、游泳、健身房锻炼等,以使自己的身体得到全面的锻炼。

3.合理安排饮食

合理安排饮食,保证摄入足够的营养物质,以支持自己的身体锻炼。

4.做好热身运动

在开始任何运动之前,均应做好热身运动,以防止运动损伤。

5.适当调整强度

在健身过程中,适当调整运动强度,以使自己的身体能够适应更高的强度。

6.进行健身记录

保留一份健身记录,记录自己的健身成果,以帮助自己更好地坚持健身。

7.寻求专业指导

在健身过程中,如果自己不确定如何正确锻炼,可以寻求专业指导,以确保自己的锻炼方式正确。

（三）常见的体育运动及训练方法

1.跑步

跑步是一项非常普及的体育运动，可以增强人体心肺功能、提高耐力，并且非常适合减肥。在跑步训练中，需要注意以下几点：逐步增加跑步时间和距离，不要一开始就过度运动；设置自己的跑步目标，例如每周跑步次数和目标跑步速度；跑步姿势要正确。

2.打篮球

篮球运动是一项集体性强、技术性高的体育运动项目。在篮球训练中，需要注意以下几点：准备运动装备，如高帮篮球鞋、护肘、护膝、毛巾袜等；提前做好热身，如扭动脚踝、蹲起、折返跑、扭动胳膊、扭腰等；运动量要适度；运动后可以选择白开水、绿豆汤、淡盐水等补水，不要喝大量冷水或饮料，否则很容易引起胃肠痉挛、胸闷腹胀，甚至引发痛风，对身体伤害极大。

3.踢足球

足球运动是世界上最流行的体育运动之一。在足球训练中，需要注意以下几点：准备运动装备，如合适的球鞋、长袜、护腿板等；提前做好热身，如慢跑、轻微地原地跑跳、伸展运动、活动膝盖等至少20分钟；运动过程中不做过于危险的动作，如对方动作幅度较大，要及时闪避；当快要跌倒时，要立即低头、屈肘、团身，以背部着地，顺势做滚动动作，切不可用直臂撑地，以免造成骨折；运动后要适当地拉伸肌肉、韧带或小跑等，以防止疲劳损伤；尽量避免在恶劣的天气踢足球，如高温、低温、暴雨、大风、大雾等；不在场地设施不符合要求的地方踢足球，如场地不平，碎石杂物多，容易造成踝关节扭伤、骨膜损伤、跟腱拉伤等。

4.打羽毛球

羽毛球运动是一项集技术和智力于一身的体育项目。在羽毛球训练中，需要注意以下几点：要戴好必要的装备，如护肩、护腕或弹力绷带、护膝等；运动前要做好热身运动，可重点做肩关节的环绕、拉伸和膝关节以及周围肌肉群的拉伸；在击球前，引拍要放松，击球瞬间再发力，不要让手腕一直处于紧张状态；运动后对关节和肌肉群进行拉伸或采用按摩、泡澡、桑拿等方式对肌肉进行放松；平时要加强肩、腕和腿部的练习。

5.综合运动

综合运动包括田径、游泳、击剑、跆拳道、举重等多种运动项目。在综合运动中，需要注意以下几点：进行全面的训练，包括力量、耐力、速度、技术等；训练可以采用分阶段、分周期的方式，并根据自己的实际情况适当调整训练计划；注意安全，避免因过度运动而造成运动损伤。

实践与提升

测试一：扫描二维码进行测试，看看你能得几分。

测试二：扫描二维码进行测试，看看自己是危险跑步者，还是无伤跑步者？

云课堂

扫描二维码，观看视频《助你跑得安全又轻松，装备的学问真不少》。

任务评价

学生自评/互评表

班级：　　　　　　　　　　姓名：　　　　　　　　　　学号：

评价项目	评价标准	分值	自评	互评
学习态度	积极学习相关材料，认真完成作业和学习任务	15		
专业知识	了解科学锻炼应遵循的原则，了解科学锻炼的途径和方法	20		
研讨精神	积极参加讨论，对其他人的发言能提出合理的分析和见解	15		
团队协作	能很好地融入小组讨论，与组内成员沟通顺畅，共同推进学习进程	15		
技能素养	能掌握正确跑步的技巧和动作要领，掌握无伤跑步者的基本要求	15		
情怀素养	弘扬中华体育精神，秉持“强身健体”目标，科学健身	20		
合计		100		

教师评价表

班级：　　　　　　　　　　姓名：　　　　　　　　　　学号：

评价项目		评价标准	分值	得分
考勤		无迟到、早退、旷课现象	5	
专业知识	最喜欢的运动员分享汇报	正确认识体育锻炼的意义，了解科学锻炼应遵循的原则	10	
		通过资料查阅、个别访谈等，了解成都大运会赛况	10	
		能通过人物故事分享，学习运动员的精神品质	10	
	制订一周锻炼计划表	能结合自身实际科学制订锻炼计划	10	
		内容紧扣主题，小组讨论氛围好	10	
		进行计划表分享展示，语言流畅，计划科学合理	10	
	健身安全小测试	能认真完成相关测试试题	10	
		能根据测试结果客观判断自身锻炼是否科学合理	10	
		能通过测试掌握科学健身、安全跑步的正确方法	10	
综合表现		课堂表现好，积极参与讨论和学习，学习效果好	5	
合计			100	

综合评价	自评（20%）	互评（30%）	教师评价（50%）	综合得分

任务二 面临险境 “跑路”求生

任务描述

自然灾害可能随时发生，了解防灾减灾知识，掌握防灾自救技能，当面临火灾、地震、台风、洪水、滑坡和泥石流等险境时，正确地“跑路”求生，对摆脱险境至关重要。

1. 了解火灾、地震、台风、洪水、滑坡和泥石流的形成原因，梳理面临不同险境时的逃生自救小技巧，完成工作表单1。

2. 了解遭遇泥石流时的避险自救方式，完成工作表单2。

任务准备

1. 组建学习讨论小组，明确讨论主题，了解查阅资料的方式。

2. 选择讨论地点，排列座位。

任务实施

工作表单1

面临险境的自救方法

灾害种类	火灾	地震	台风	洪水	山体滑坡
形成原因					
自救方法					

工作表单2

遭遇泥石流，如何“跑路”自救

请用箭头在下图中标明遭遇泥石流时的逃生方向。

身处山谷，发生泥石流该向哪个方向逃跑？（提示：遭遇泥石流，要往与泥石流呈垂直方向的两边山坡上面跑，跑得越快越好，爬得越高越好，绝对不能往泥石流的下游跑。）	
在野外宿营时，遭遇泥石流该如何脱险？（提示：外出宿营时，一旦遭遇大雨，要迅速转移到安全的高地，不要在谷底停留。野外扎营不选沟地、水源的下游，而要选择高地，也要尽可能避开有滚石和大量堆积物的山坡。）	
当泥石流向自己居住的房屋袭来时，应该跑回房间还是跑到房间外面？（提示：泥石流来袭，一定要设法从房屋里跑出来，跑到开阔地带，尽可能防止被埋压。）	

名言警句

工欲善其事，必先利其器。

——《论语·卫灵公》

任务分析

我国是自然灾害频发国家，每年5月12日为全国防灾减灾日。习近平总书记在党的二十大报告中指出：“提高防灾减灾救灾和重大突发公共事件处置保障能力，加强国家区域应急力量建设。”作为一名新时代的大学生，从生命安全的角度来讲，防灾减灾知识是必须掌握的基础知识。

一、火灾“跑路”求生

火场逃生，需要勇气，更需要正确的方式和方法。面对烈火和浓烟，惊慌失措、大喊乱撞、盲目逃生只会增加危险程度。所以要掌握基本的逃生原则，做到有备无患，防患于未然。

（一）了解环境，熟悉标志

当我们走进商场、宾馆、餐厅、KTV等公共场所时，要留意安全出口、灭火器的位置，以便在发生意外时及时撤离和灭火。一般而言，在公共场所的墙上、门上、转弯处都设置有“紧急出口”“安全通道”等紧急逃生标志，一旦发生火灾需要按照标志指示的方向逃离。

（二）迅速撤离，舍财保命

当我们身处火场，很难正确判断火势，即使火灾初期火势较小，也不能掉以轻心，因为火情往往瞬息万变。因此，如遇火灾要保持镇静，迅速判断是否可扑灭，如果不清楚情况或者没有把握，就要立即逃离火场，千万不要因为贪恋财物而错失逃生的最佳时机，逃离到安全位置后，应尽快拨打消防报警电话119。

（三）捂住口鼻，贴地而行

众所周知，烟雾是火灾中的致命因素，因此，逃生时要用湿的毛巾、餐巾、口罩、衣服等捂住口鼻，避免中毒和被热空气灼伤。一般而言，烟会往上走，所以穿过浓烟时，一定不能硬闯，要尽量放低身姿，贴地前行。

（四）慎选通道，不乘电梯

要根据火势情况和周围环境，选择合适的安全通道（如疏散楼梯、消防通道等）逃生。如果人流往一处集中，还要考虑阻塞的情况，可另选通道。逃生过程中避免相互拥挤，形成踩踏，造成伤亡。火灾中电梯可能突然断电，电梯井也会成为烟雾蔓延通道，人被困在电梯中很容易造成窒息，所以发生火灾时千万不要使用电梯。

（五）谨慎跳楼，抓紧缓降

如果被困高层建筑物中，楼梯被大火或烟雾封锁，可利用身边的绳索、床单、窗帘等牢固的材料，自制简易的救生绳，用水打湿救生绳后，固定在室内暖气片、水管等坚固的物体上，从窗户或阳台沿绳缓降，注意一定要抓紧救生绳，也可利用落水管等降低掉落的危险。只有万不得已且身处低层的情况下，才可尝试跳楼脱困。

（六）暂避房间，积极求救

如果逃生通道已被切断，需退回房间时，要立即关闭迎火的门窗，并用湿床单、湿棉被、湿衣物等封堵门窗缝隙，以防烟雾蹿入室内。也可利用卫生间等暂时避难，避难时要用水喷淋迎火门窗，把房间内一切可燃物淋湿，延长等待救援时间。同时应立即报警，并以向窗外挥舞颜色鲜艳的物品、大声呼救、敲击东西、使用手电筒闪光等方式发出求救信号，等待救援。

（七）火若烧身，正确灭火

如果身上衣服已经着火，切不可惊慌乱跑，这样会加快空气流通，助长火势。此时应迅速脱下衣服，就地打滚，也可跳入附近的水池，扑灭身上的火焰。同时，也要秉持利人利己的原则，遇到前拥后挤的现象要进行制止，只有有序疏散、迅速疏散，才能最大限度地减少伤亡。

二、地震“跑路”求生

学习地震逃生自救知识，做好抗震应急物品储备，当地震发生时才能有备无患、冷静应对，减少地震带来的伤害。

（一）震前应对

（1）熟悉所处环境，预先了解逃生通道。

（2）参加地震演习，能够有序撤离。

（3）清除室内安全隐患，如对衣柜、书架等进行固定，天花板上不要悬挂较重的物品等。

（二）震中求生

（1）如果遇到地震，应采用正确的避震姿势，身体尽量蜷曲缩小，卧倒或蹲下；用手或其他物件护住头部，用手抓住一个固定的物件。如果没有保护头部的物件或可抓的固定物，则头尽量向胸靠拢，闭紧嘴巴，双手交叉放在脖后，保护头部和颈部。

(2)如果在室内,应迅速关闭电源、燃气,选择空间小的地方躲避,如卫生间、厨房、储藏室等。利用写字台、餐桌或者长凳下的空间躲藏,或者身子紧贴承重墙作为掩护,然后双手抓牢固定物体。如果在高楼里,要远离窗户,尽量不使用电梯逃生。

(3)如果在影剧院、体育场馆等公共场所,可蹲在座椅旁、舞台下,并根据情况及时有序撤离。在商场、书店、饭店、地铁等处,要选择结实的柜台旁、商品(如低矮家具等)或柱子边、内墙角等处就地蹲下,避开玻璃门窗、橱窗,避开高大不稳和摆放重物、易碎品的货架,避开广告牌、吊灯等高耸或悬挂物。

(4)如果在室外,要远离建筑区、大树、街灯和电线电缆。不要在天然气、汽油等易爆、易燃工厂或设施附近。不要位于明火的下风口。若在野外,要远离山崖、陡坡和高压线,特别要注意滚石和泥石流,还要避开水岸,以防地震引发水流冲上岸或者海啸。

大学生正在上课时,若发生地震应迅速躲避在课桌下,并根据情况在老师的指挥下迅速撤离教室,就近在开阔地带避震。

(三)震后自救

(1)设法挣脱。首先要保持镇静,想办法将被压埋的手脚挣脱,推开压在身上的物体。如果无法挣脱,则就地等待救援。

(2)构建生存空间。如果所处环境有重物坠落的可能,应尽量利用身边的物体,如木桌、易于搬动的建筑构件等进行支撑,构建相对安全的区域,防止二次坍塌造成伤害。如果可以移动,最好向有光线、空气流通的地方移动。如果周围有烟尘,要用衣物捂住口鼻,避免发生窒息。

(3)寻找食物。如果一时难以脱险,应尽可能在可活动空间内寻找水、食物,或其他可以维持生命的物品,耐心等待营救。

(4)设法求救。减少活动,尽量保存体力,可用石块或铁器敲击周围的物体,如自来水管、暖气管和建筑墙体,以引起外界注意,并等待救援。

三、台风“跑路”求生

(一)台风来前

(1)应密切关注大风警报通知,台风来临前应及时采取预防措施,更改外出行程,不要前往离居住地较远的地方,不到江河湖海等水域游泳。

(2)检查门窗、室内悬挂的物品等,并及时进行加固,尤其是迎风一面的门窗,若风势猛烈,可用木板或其他沉重的物品顶住门窗,可为玻璃窗贴上胶布,以免玻璃被击碎时伤人。及时搬移屋顶、窗台、阳台处的花盆等物品,以免被风吹落造成伤人事故。

（二）台风来时

（1）外出时尽可能远离建筑工地、电线杆、高压线、大树、广告牌等，避免大风将其吹倒造成意外伤害。

（2）尽量避免穿越高层建筑物之间的狭长通道，因为狭长通道会形成狭管效应，风势凶猛时，会增加危险程度。

（3）不要在风中跑动，也不要骑车，而是应扣好衣服，弯腰一步一步脚踏实地地前行，并尽快躲进附近的建筑物内。

（三）台风过后

（1）强台风过后不要马上外出，因为台风的风眼在上空掠过后，地面会平静一段时间，但风暴还没有结束，通常这种平静持续不到一小时，风就会从相反的方向再度横扫过来。

（2）要避开破碎的玻璃、倾倒的树或断落的电线，如不幸受伤，不要擅自移动，应立即拨打120或向亲友求救。

四、洪水“跑路”求生

（一）洪水来前

（1）准备逃生装备和物资，准备好防水救生包，其中包含手电筒、蜡烛、打火机、哨子等。还有保质期较长的饮用水和压缩食品、密封起来的干燥衣物、救生圈等漂浮工具以及预防灾后传染病的常用药等。

（2）提前参加防洪应急演习，学习一些简单的应急技能，如游泳、绳索打结、简易救护方法等，以提高自己在洪水中的生存能力。

（二）洪水来时

（1）暴雨来临时，应及时收听、收看气象部门发布的预报，并根据预报采取相应的防御措施，做好防灾准备。

（2）洪水到来时，要迅速向就近山坡高地、避洪台等处转移，或者立即爬上楼房高层、大树、高墙等高地暂避。

（3）如果洪水继续上涨，暂避的地方已难自保，要充分利用准备好的救生器材逃生，或者迅速找一些门板、桌椅、大床、大块的泡沫板等能漂浮的材料扎成筏逃生。

（4）如果已被卷入洪水中，一定要迅速冷静下来，尽可能抓住固定的或者能漂浮的东西，寻找机会逃生。如果会游泳，应顺着水流的方向，斜着游向岸边，不要横渡，也不要逆游。如果不会游泳，可以脸朝上，头仰后，双脚像骑自行车一样踩水，同时用双手拍水，让头露出水面。

（5）开车时遇到洪水，千万不要试图穿越被淹没区域，应果断往高处转移。如果车子熄火，果断弃车或逃到车顶，千万别待在车里，否则很可能因推不开车门而遇险。

（6）挥舞色彩鲜艳的衣服、有规律地敲打东西、吹口哨等，这些有效的求救方式也更容易被他人发现。

（三）洪水过后

（1）洪水过后，不要急于回到住所，一定根据当地气象部门发布的天气情况做出行动，防止洪水再次到来。

（2）听从救援人员的指挥，沉着冷静，不盲目行动。

（3）要做好各项卫生防疫工作，预防疫病的流行。

五、山体滑坡及泥石流"跑路"求生

（一）认识山体滑坡及如何逃生自救

滑坡俗称"地滑""走山"，是斜坡上的岩土体因自然因素或人为活动引发的，在重力作用下整体或分散地顺坡下滑的地质灾害。引发因素主要有地震、降雨、河流对山脚的冲刷和人类开挖山脚、坡体堆积、爆破、开矿等活动。

1.山体滑坡前的征兆

（1）在滑坡前缘坡脚处，突然出现干涸泉水复活，或泉水突然干枯、浑浊，井水水位突变等异常现象是山体滑坡的重要前兆。

（2）山坡出现横向及纵向放射状规律排列的裂缝，说明滑坡体向前推挤并受到阻碍，已进入临滑状态。

（3）在山坡坡脚处，土体突然出现上隆现象，这是滑坡体明显向前推挤的迹象。

（4）建在山坡上的房屋地板、墙壁出现裂缝，墙体歪斜，滑坡体四周岩体出现轻度崩塌和松弛现象，滑坡体水平位移量或垂直位移量均出现加速变化的趋势，这是临滑的明显迹象。滑坡后缘的裂缝急剧扩展，并从裂缝中冒出热气或冷风。

2.遇到山体滑坡的逃生自救

（1）如果遇到山体滑坡却来不及转移时，应尽快向两侧稳定地区撤离。向滑坡体上方或下方跑都是危险的。

（2）当处于滑坡体中部无法撤离时，可以找一块坡度较缓的开阔地停留，但一定不要离房屋、围墙、电线杆等太近。当无法继续撤离时，应迅速抱住身边的树木等固定物体。

（3）躲避在结实的障碍物下，注意保护好头部，可用衣物裹住头部。

3. 山体滑坡应急注意事项

（1）处在滑坡体上时，应保持冷静，不能慌乱，以免做出错误决定。

（2）不要在滑坡危险期未过就返回发生滑坡的地带，以免再次发生滑坡时遭遇危险。

（3）当确定自己处于安全地带后，要尽快向相关部门报告灾情，以便其开展救援行动。

（二）认识泥石流及如何逃生自救

泥石流是在山区沟谷或斜坡上由暴雨、冰雪消融引发的一种携带大量泥沙、石块、巨砾的特殊洪流，常与山洪相伴，对房屋、农田、道路、桥梁等破坏极大。

1. 发生泥石流前的征兆

（1）河水异常。如果河床、河沟中正常流水突然断流或突然增大，并夹有较多的柴草、树木等，说明河床、河沟上游已形成泥石流。

（2）声响异常。如果在山上听到沙沙的声音，却找不到声音的来源，可能是沙土的松动、流动发出的声音，是泥石流即将发生的征兆。如果山沟或深谷发出轰鸣声音或有轻微的震动感，说明泥石流正在形成，必须迅速离开危险地段。

（3）山体异常。山体出现很多白色水流，山坡变形、鼓包、裂缝，甚至坡上物体出现倾斜。

（4）其他异常。干旱很久的土地开始积水，道路出现龟裂，公共电话亭、树木、篱笆等突然倾斜，雨下个不停，或是雨刚停下来溪水水位却急速下降等。

2. 遇到泥石流的逃生自救

（1）立即丢弃重物，尽快逃生。

（2）要迅速向垂直于泥石流卷来方向的两侧（横向）跑。如泥石流由北向南卷来，就要向东、西方向跑。如果自己身处沟底，千万不要顺沟方向往上游或下游跑，更不要在凹地处停留。

（3）不要上树躲避，也不要停留在陡坡土层较厚的低凹处，更不要躲在滚石下方或乱石堆后面。

（4）暴雨停止后，不要急于返回居住地，应等待一段时间。

3.泥石流应急注意事项

(1)发现有泥石流迹象,应立即观察地形,向沟谷两侧山坡或高地跑。

(2)逃生时,要抛弃一切影响奔跑速度的物品。

(3)不要躲在有滚石和大量堆积物的陡峭山坡下面。

(4)不要停留在低洼的地方,也不要攀爬到树上躲避。

(三)如何避免遭遇山体滑坡和泥石流

(1)应根据当地有关部门的安排参加演习,学习相关知识。

(2)对山体滑坡和泥石流是无法准确预测的,所以要避免前往山体滑坡、泥石流多发地域。如果必须前往,应提前了解目的地的地形和地质情况。

(3)在山谷中行走时,一旦遭遇大雨,应立即转移到高地,不要在谷底停留。

(4)露营时应尽量选择平整的高地,尽可能避开河(沟)道弯曲的凹岸或地方狭小高度又低的凸岸。切忌在沟道处或沟内的低平处宿营。

实践与提升

生活中当危难来临时,你知道如何轻松化解、自救防护吗?扫描二维码完成小测试,检测一下你的避险自救能力。

云课堂

扫描二维码,阅读《洪涝突降,我们该如何逃生避险自救互救》。

任务评价

学生自评/互评表

班级：　　　　　　　　姓名：　　　　　　　　学号：

评价项目	评价标准	分值	自评	互评
学习态度	积极学习相关材料，认真完成作业和学习任务	15		
专业知识	了解常见自然灾害的形成原因以及逃生自救的途径和方法	20		
研讨精神	积极参加讨论，对其他人的发言能提出合理的分析和见解	15		
团队协作	能很好地融入小组讨论，与组内成员沟通顺畅，共同推进学习进程	15		
技能素养	会检索相关文献，能主动阅读学习，能运用新媒体进行练习	15		
情怀素养	树立临危不惧的安全意识，培养险境中自救自强、理智应对的素质	20		
	合计	100		

教师评价表

班级：　　　　　　　　姓名：　　　　　　　　学号：

评价项目		评价标准	分值	得分
考勤		无迟到、早退、旷课现象	5	
专业知识	面临险境“跑路”求生秘诀	了解火灾、地震、台风、洪水、山体滑坡的形成原因	10	
		结合相应险境，了解对应的合理、正确的“跑路”求生方法	10	
		能辨别火灾、地震、台风、洪水、山体滑坡的逃生误区	10	
	遭遇泥石流“跑路”自救	了解泥石流险境下的自救技能	10	
		能根据提示完成遭遇泥石流时的逃生方向标记	10	
		通过绘制标记掌握遇到泥石流的逃生自救知识及逃生误区	10	
	避险自救能力测试	能完成避险自救能力测试的相关试题	10	
		能通过测试了解并掌握避险自救的基本知识	10	
		能树立临危不惧的安全意识，并掌握逃生自救的途径和方法	10	
综合表现		课堂表现好，积极参与讨论和学习，学习效果好	5	
		合计	100	
综合评价	学生自评(20%)	小组互评(30%)	教师评价(50%)	综合得分

项目四

结节开合“度”

知识目标

1. 了解心结产生的原因及心结对个人的影响。

2. 掌握解开心结的方法。

3. 理解打结逃生的重要性。

技能目标

1. 具备与自己和解的能力。

2. 能巧妙运用身边的物品进行打结逃生。

素质目标

1. 不比较、不计较,做更好的自己,永远阳光、开朗、自信。

2. 遇到突发事件,能随机应变、乐于助人,对逃生技巧的运用能举一反三。

导　言

烦恼，都是自己给的，你什么时候抛开烦恼，就什么时候变得快乐。做一个理智、心平气和的人，不比较，日子才会知足地过；不计较，人生才能轻松地活！请打开“心结”。

“心结”不可有，但遇突发状况，巧妙地将身边的物品变为绳索，将绳索打好“结”，可以帮助逃生。

知识图谱

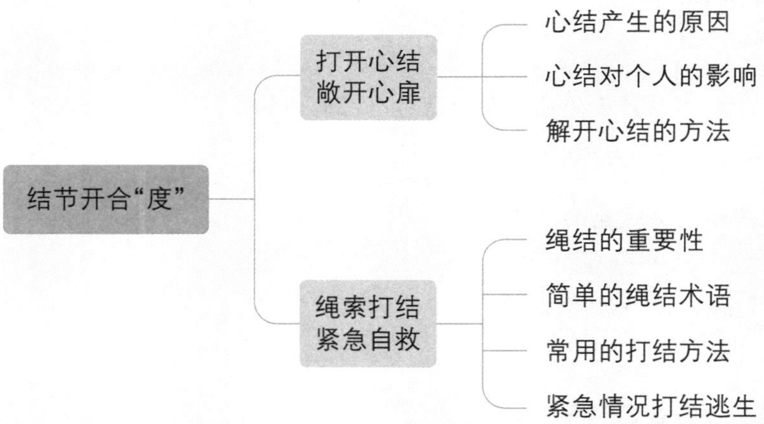

任务一　打开心结　敞开心扉

任务描述

心结指心里解不开的疙瘩，是一种心理状态，是心里放不下的事情，是内心所承受的压抑，也就是通常所说的一种心病。

1. 分组进行“妙手解开千千结”的活动，完成工作表单1。

2. 分析案例《别把马加爵妖魔化》，完成工作表单2。

任务准备

1. 将全班学生分成若干个小组，每组10人左右。

2. 选择讨论地点，排列座位。

任务实施

工作表单1

妙手解开千千结

步骤》

1. 每组成员手拉手围站成一个圆圈，记住自己左右手各相握的人。

2. 播放节奏感比较强的音乐，大家放开手，随意走动，音乐停，成员脚步停。

3. 每位成员找到原来左右手各相握的人再次分别握住他们的手，形成一个错综复杂的“结”。

4. 播放节奏舒缓的音乐，各组成员尽量在手不松开的情况下，用各种方法，如跨、钻、套、转等，将交错的“结”解开形成一个大圆圈。

5. 游戏结束后，完成表单1。

注意：游戏中大家不能说话。

刚开始感觉怎么样，思路是否混乱	
解开一点儿后，想法发生了哪些变化	
在此过程中，是否体会到“坚持就是胜利”	
每位成员在解开“结”时发挥了什么样的作用	
由于不能说话，“沟通”的技巧是什么	
联系实际，说说该游戏对你解决人际矛盾有何启示	

工作表单2

扫描二维码分析案例《别把马加爵妖魔化》，并完成下表。

马加爵的心结在何处	
你认为该如何解开这些心结	
在今后的学习和生活中，你该如何处理人际关系	

名言警句

山重水复疑无路，柳暗花明又一村。

——陆游《游山西村》

任务分析

心结，顾名思义，就是心里边的“疙瘩”。它是一种情绪，表现为情绪低落、焦虑不安等，会对一个人的心理健康造成严重影响。因此，了解心结的本质以及如何解开心结是改善心理健康状况的关键。

一、心结产生的原因

每个人都有心结，它是人们心灵中最柔软最真实的部分。产生心结的原因可能是需求的刺激，也可能是动机的刺激。

（一）需求的刺激

人有生理需求和心理需求，如吃饭、穿衣、睡觉、劳动等需求，还有被肯定、被认可、被表扬等需求，人的各种需求推动其在各个方面积极活动，需求是个体活动的动力。个体为了满足需要，从事一定的活动，要用一定的意志克服困难。人在克服困难的过程中，锻炼了自己的意志，所以说需求在个性养成中起着非常重要的作用，是个性倾向性的基础。一个人的需求如果无法得到满足，在很大程度上就会打击自信心，从而产生心结。

（二）动机的刺激

动机是为实现一定目的而行动的原因。人们从事任何活动都有一定的原因，这个原因就是指人的行为动机。个体在某一时刻有某一最强烈的需要，并在诱因的支持下，能产生最强烈的动机，如果动机不符合道德标准、法律要求，需求得不到满足，势必会在心理上留下深深的烙印，久而久之便会产生心结。

二、心结对个人的影响

心结会影响一个人的情绪和情感。情绪和情感是人对客观事物的态度，是人的需求是否得以满足的反映。情绪和情感有积极和消极之分，消极情绪会对人产生较大伤害。

（一）对身体健康不利

如果一个人长期有焦虑、悲观、紧张等情绪，会影响身体健康，患疾病的概率也相对较高。长时间有消极的情绪，还容易患癌症。

（二）对学习不利

情绪不佳的人总是把精力消耗在不必要的事情上。如上课总是想一件无关紧要的小事，并为此感到很焦虑；明明自己不遵守纪律，还认为是老师和自己过不去，对他人充满敌意；别人在一起小声说话，就怀疑这些小声说话的人在说自己的坏话。如果整日处于这样一种状态，很难有好的学习成绩。

（三）对人际关系不利

有消极情绪时，容易发怒，对事物会产生厌烦情绪，对他人会“没好脾气”，表现为骂人、打人、摔东西等。这些行为表现会影响个人与他人的正常交往，不利于发展友好关系。

（四）对所在集体不利

如果一个人不能控制自己的不良情绪，不但会影响自己，而且还会对集体的利益产生不利影响。例如自己的不良情绪会影响自己的做事效率，影响团队和谐，从而会导致集体利益受到损害等。

三、解开心结的方法

每个人都希望得到别人的认可，获得别人的尊重和信任，但事实上这是不可能的，所以要学会理性处理事情，控制自己的情绪，与自己和解，做更好的自己。

（一）不要太在意别人的目光

1. 练习掌控注意力

并非所有的负面评价都是错误的，有时可能是正确的，要客观地分析这个问题。如果负面评价是正确的，并不意味着你一直都要在尴尬和难堪中度过，试着练习掌控自己的注意力。控制注意力的有效方式之一是正念，正念是一种接纳且不评判的态度，是有意识地觉察此刻自己的想法、感受及行为的能力。这种练习，可以开阔视野，让自己更好地接纳自己。长此以往，你会发现自己可以更好地掌控注意力。

2. 坦然对待赞赏和批评

为获得别人的赞赏而竭尽全力，是一种上进努力的表现，但不能因为获得了赞赏就得意忘形。同样，当你受到批评时，要冷静地判断，做到有则改之无则加勉，这样才不至于有太多消极悲观的情绪阻碍你前进的脚步。要在赞赏中找到自信，在批评中找到不足，从中学习、领悟、提升。

3. 做自己的朋友

世界是现实的，也是残酷的，在你意识到自己和他人不能建立某种良好关系时，不要沮丧，要敢于接受。同时把注意力集中在自己的目标上，一步一步脚踏实地，努力让自己成长得更好。太在意他人的看法会使我们原地踏步，要更多地关注自我内心的需求，尝试与自我对话，尝试了解自我。喜欢自己，做自己的朋友。

（二）调整不良情绪

要解开自己的心结就必须学会调整自己的不良情绪。调整不良情绪有以下几种方法。

1. 能量释放法

当生气和愤怒时，可以到空旷的地方大喊几声，或者参加一些体力劳动，也可以进行比较剧烈的体育活动，如跑步、扔铅球……把心里的负能量变为体力上的能量释放出去。同时，在过度痛苦和悲伤时，哭也不失为一种排解不良情绪的有效办法。哭是一种自我保护措施，不仅可以缓解紧张情绪，而且可以发现隐藏在内心深处的情感。

2. 环境调节法

大自然的景色，能愉悦身心、陶冶情操。心情不好或感到心理压力大时，不要把自己关在屋子里生闷气，而应该走出去，到环境优美、空气宜人的大自然中看一看，舒缓一下情绪。长期处于紧张状态的人，定期到大自然中去放松一下，对保持身体健康和愉悦身心大有益处。

3. 倾诉法

当情绪受到压抑时，应把心中的苦恼倾诉出来，如果长时间强行压抑不良情绪，就会给身心健康带来伤害。尤其是性格内向的人，仅靠自我控制、自我调节还远远不够，可以找亲人、好友等可以信赖的人倾诉自己的苦恼，以便得到别人的帮助和指点。当局者迷，旁观者清。学会倾诉、学会倾听，在沟通中或许就会豁然开朗、茅塞顿开。

4. 自我激励法

自我激励是人们精神活动的动力之一，也是保持心理健康的一种方法。在遭遇困难、挫折、打击、逆境、不幸而痛苦时，要善于用坚定的信念、伟人的言行、生活的哲理等来安慰自己，使自己产生同痛苦作斗争的勇气和力量。也可以用语言暗示自己，给自己打气，以此来调整和放松心情，使不良情绪得到缓解。

5. 创造欢乐法

常言道，“笑一笑，十年少”。笑不仅能抛开烦恼，而且可以调节精神，促进身体健康。从中医的角度来讲，笑可振动血脉，活血化瘀，使人关节、气血等畅通。所以要学会自寻快乐，取悦自己。

实践与提升

团体心理辅导:我的“自画像”

活动目标:

1. 通过“自画像”,展示一个“内心的我”,由此进一步认识自己。
2. 通过交流,读懂你、我、他,促进同学间彼此的理解。

活动时间:

大约20分钟。

活动道具:

彩色笔和16开大小的白纸若干。

活动场地:

以室内为宜。

活动过程:

1. 分发给每位学生一张16开大小的白纸和一支彩色笔。
2. 每人在白纸上画一幅“自画像”。
3. 组内、班内交流“自画像”的含义。
4. 老师点评。

注意事项:

1.“自画像”可以是形象的肖像画,也可以是抽象的比喻画。可以由一色笔画成,也可以由多色笔画成。

2. 本环节不是绘画比赛,只要求画的内容、形式等能形象地反映对自我的认识。

自我感受：

教师点评：

云课堂

扫描二维码，观看视频《难以裁判的“心结”》。

树欲静而风不止，子欲养而亲不待！视频展现了一个在情理法理上都值得深思的案件。观看完此视频，谈谈你的感受：____

____

____。

任务评价

学生自评/互评表

班级： 姓名： 学号：

评价项目	评价标准	分值	自评	互评
学习态度	积极学习相关材料，认真完成作业和学习任务	15		
专业知识	了解心结对个人的影响，以及打开心结的方法	20		
研讨精神	积极参加讨论，对其他人的发言能提出合理的分析和见解	15		
团队协作	能很好地融入小组讨论，与组内成员沟通顺畅，共同推进学习进程	15		
信息素养	会检索相关文献，主动阅读学习，能运用新媒体进行相关练习	15		
情怀素养	解开心结，永远做一个阳光、开朗、自信的人	20		
合计		100		

教师评价表

班级： 姓名： 学号：

评价项目		评价标准	分值	得分
考勤		无迟到、早退、旷课现象	10	
专业知识	妙手解开千千结	团队合作默契、愉快	10	
		能快速解开手“结”	20	
	别把马加爵妖魔化	能分析马加爵事件发生的深层次原因	10	
		从马加爵事件中受到启发，知晓如何解开心结	10	
		能正确处理与同学、师长的关系	10	
	画“自画像”	画中的自己是阳光、开朗、自信的人	10	
		了解“自画像”的不足之处，并用适当的方法去改变	10	
综合表现		课堂表现好，积极参与讨论和学习，学习效果好	10	
合计			100	
综合评价		自评（20%）	互评（30%）	教师评价（50%）	综合得分

任务二 绳索打结 紧急自救

任务描述

绳结在人类文明发展的过程中起到了促进作用，在当代更是为人们的生活和安全提供了便利和保障。

1. 手工制作救生衣，完成工作表单 1。
2. 在 1 秒内单手完成救命结，完成工作表单 2。

任务准备

每位同学准备 1 根 2 米的长绳，4—8 个 350—500 毫升的空饮料瓶，1 个背包。

任务实施

工作表单 1

手工制作救生衣

1. 将 2—4 个空饮料瓶用绳子分别固定在背包的双肩带上，大约在胸前位置。
2. 将另外 2—4 个空瓶放在背包里。
3. 用绳子把背包固定在身上。
4. 思考并完成下表中的内容。

此救生衣的适用场所	
制作时，还需要哪些工具	
可以用哪些打结方法	
哪(几)种打结方法最好用	
还有哪些制作救生衣的方法	
小结	

工作表单2

1秒单手完成救命结

如果你遭遇突发情况，施救者抛出一根绳子，此刻若你的一只手抓住某物不能松开，另外一只手需要将绳子系在腰上，你知道如何系绳吗？扫描二维码观看视频，并完成下表。

整个打结过程用时多长	
你打的结是否脱落了，为什么	
遇到哪些危险可以用这种方法	
小结	

名言警句

> 上古结绳而治，后世圣人易之以书契。
>
> ——《周易·系辞下》

任务分析

人类在很早就学会了使用麻绳，后来麻绳成为帆船上使用的主要绳索。之后中国人以及其他国家的人发明的使用绳索的技巧逐步传播开来。

一、绳结的重要性

任何广泛参与户外活动的人都意识到绳结的重要性，如露营、爬山、航行、打鱼或者户外生存活动等，都会用到绳结。我们的祖先曾使用绳结来修建避难所或者设置陷阱，也用绳结来装饰，如编辫子、编织东西等。中国文化中，绳结甚至是记录信息的方式。绳结在许多方面对人类生活和文明发展起到了重要作用。严格地说，打绳结是一种高级技能，海军、登山者以及水手必须学习绳结的打法，以便生命遇到危险时逃生。

二、简单的绳结术语

在打结过程中，参与到打结过程的尾端称为活端，不被使用的部分称为固定端或本绳，把绳对折后弯曲的部分称为绳耳。如果两相邻部分交叉，绳耳就称为绳环，交叉在一起的部分就称为绳肘。各个位置如下图所示。打绳环的过程中用力要轻，如果用力过猛造成扭绞就会损坏绳索并使之变形。

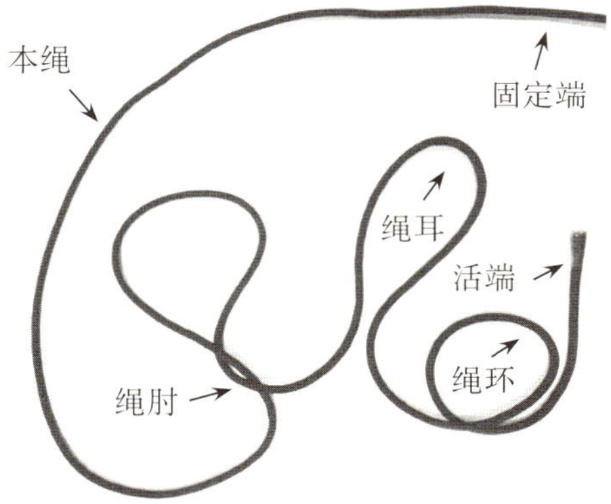

三、常用的打结方法

用绳子打结的方法有几百种，这里介绍12种简单且适用的打结方法：单结或拇指结、多重单结、渔人结、双渔人结、破裂结、用活端打的双套结、8字结、兔儿结、8字绳环、抓结、阿尔卑斯蝴蝶结、西班牙称人结。

（一）单结或拇指结

这是最基本的活结，能阻止一些细线（棉线、细丝、细绳）自孔中滑出或防止绳端散开。当线穿过针孔为防止线从针孔滑出时可用此结。

步骤》

1.打一个绳环。

2.把活端塞到成形的环内，并将固定端收紧。

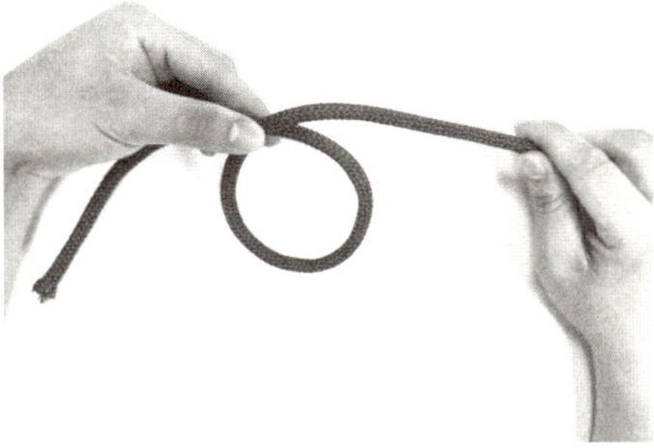

步骤1

步骤2

（二）多重单结

虽然这种结和普通单结一样只能防止绳从孔中滑出，但它看上去要比普通单结大。因为打其他结的时候要用到它，所以它也是一种基本的打结技巧。

步骤》

1.打一个单结，把活端再塞入绳环一次。

2.轻轻地拉住两端，把它们向不同的方向扭曲，左手向下拉，右手向上拉，继续拉紧，可以看到对角结部分扭曲，拉两端收紧绳结，这样多重单结就形成了。

步骤1

步骤2

（三）渔人结

渔人结可以用在各种负重任务中。用粗绳打此结，可以轻松解开，但是如果用细线打，则不容易解开。

步骤》

1.把两条绳平行放置，彼此靠近，用A绳绕B绳的尾端打一个单结。

2.用B绳绕A绳的尾端打一个同样的结，使两个结各自在绳的两端，分别收紧两个结，然后从两端拉绳子把两个结结合在一起。

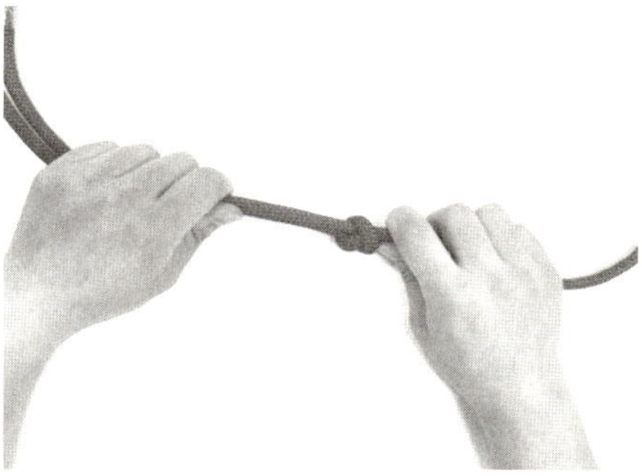

步骤1

步骤2

扫描二维码，观看详细操作。

（四）双渔人结

双渔人结看上去像在微笑，被渔民称为微笑结，这是很牢固的结。

步骤》

1.把两条绳平行放置，用A绳的活端绕B绳的本绳打一个双重单结。

2.用B绳的活端绕A绳的本绳打一个同样的结，使两个结各自在绳的两端，分别收紧两个结，然后从两端拉绳子把两个结结合在一起。

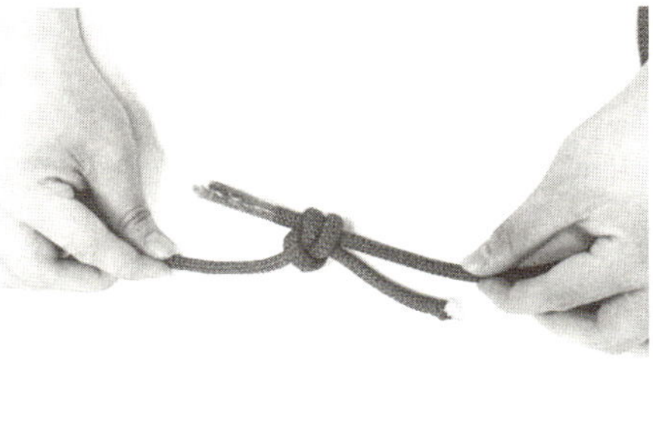

步骤1

步骤2

扫描二维码，观看详细操作。

（五）破裂结

破裂结是一种8字形的交织结，它是用细的线“抓”牢粗绳，使粗绳绳耳的两部分紧密靠在一起。此结比各种绳结更能负重。

步骤》

1. 用一根粗绳打一个绳耳，将细绳（视频中绳子一样粗细）放在绳耳上。

2. 把细绳活端转个方向，从绳耳的一条绳腿下穿出。

3. 把细绳活端拉回来，压在刚穿过的那条绳腿上并从绳耳的另一条绳腿下穿出。

4. 把细绳活端向回绕，使其压在刚穿过的绳腿上，然后使其从另一条绳腿下方穿过。

5. 继续这个过程，直至粗绳的绳耳能靠在一起。

6. 把细绳活端从最后一个线圈中穿出。把线圈朝绳耳末端收紧，完成此结。

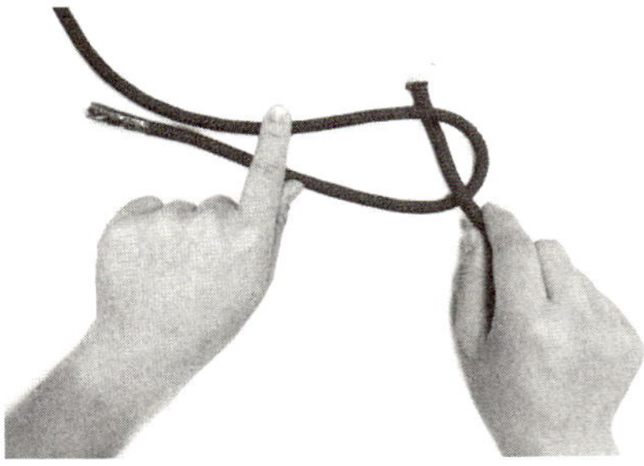

步骤1

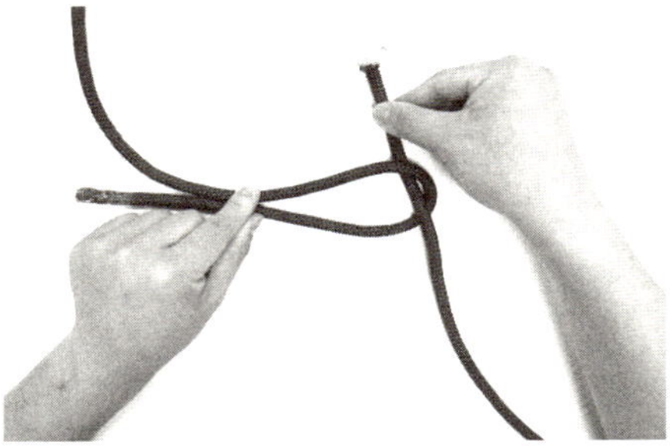

步骤2

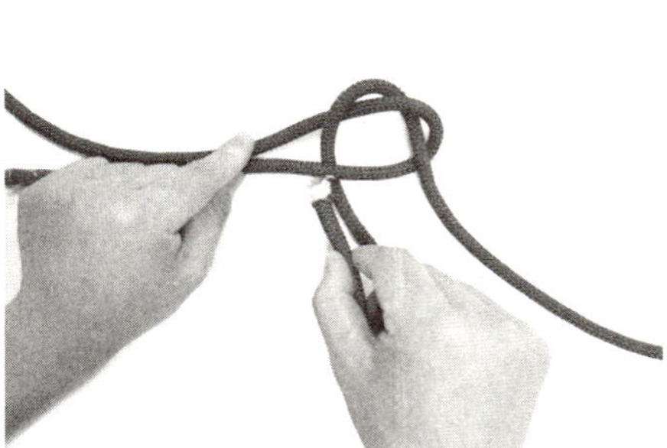

步骤3

步骤4

步骤 5

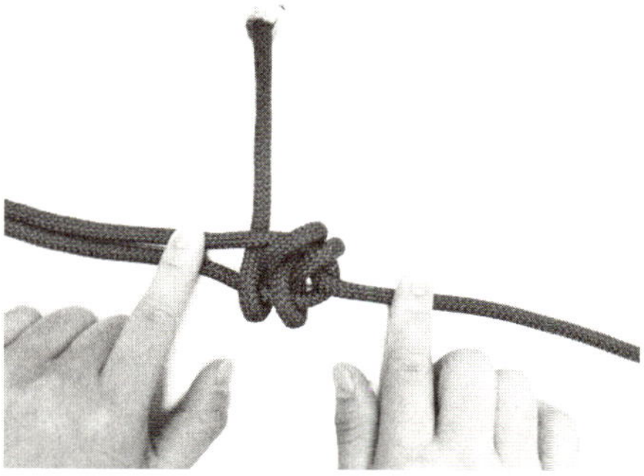

步骤 6

扫描二维码，观看详细操作。

（六）用活端打的双套结

此结不会从支柱上滑下，也不会从围栏一端滑出，还能系在环上。

步骤》

1. 把活端从前往后绕过要依附的物体。
2. 把活端拉到前面，并以对角线形式交叉拉过本绳。
3. 把活端拉到被依附物后面，缠住本绳。
4. 把活端塞进“对角线”下面（活端折成N形，或是对折）。
5. 如果要求绳结能很快被解开，可留一个捻环，拉本绳收紧绳结。

步骤 1

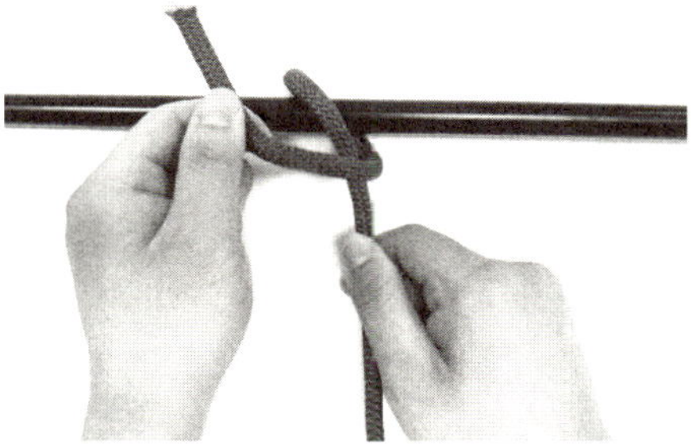

步骤 2

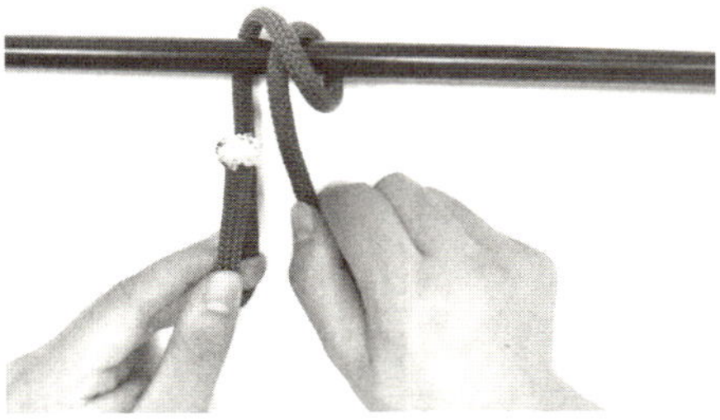

步骤3

步骤4

步骤5

（七）8字结

此结可迅速打成，体积比单结体积大，也更易解开，缺点是更容易从相同尺寸的孔内滑出。此结不收紧时有两个互锁的绳环。

步骤》

1. 用绳打一个绳耳，并转半圈形成一个绳环。
2. 再转动半圈形成8字形。
3. 把活端从绳环中拉出来完成8字结，拉两端收紧此结，然后只拉本绳使顶端的绳环缠紧活端。

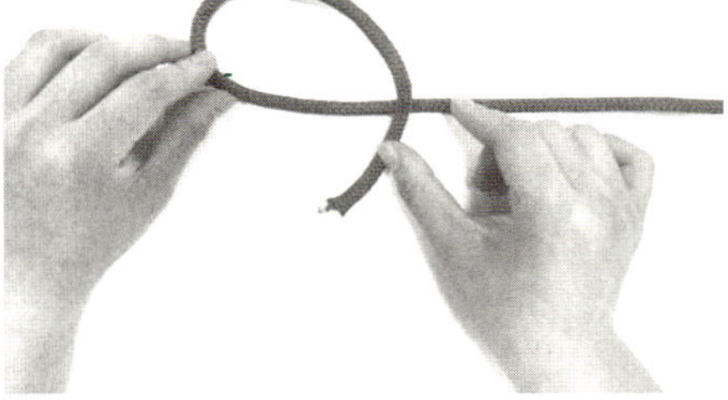

步骤1

步骤2

步骤3

（八）兔儿结

这种双环结很受登山者的欢迎，此结是用绳耳打的。这种结的优点在于结身上没有留下容易松散的绳子末端，增加了绳结的安全性。这种绳结中的双股绳环一般大小相同，但如果想得到两个不同大小的绳环，可以小心地松开绳结，以此调整绳环的大小。

步骤》

1. 把绳索对折，形成一个绳耳。然后在这个绳耳上打一个顺时针的下手绳环。
2. 把绳耳的一端从双股的本绳上绕过来（从右到左）。
3. 把绳耳再对折放到绳环里，然后把其中一部分拉出绳环，形成一个新的双股绳环。
4. 将双股绳环调整到所需的大小。
5. 将绳耳从绳环上套过去。
6. 将绳耳从整个结上套过去，收紧绳结。

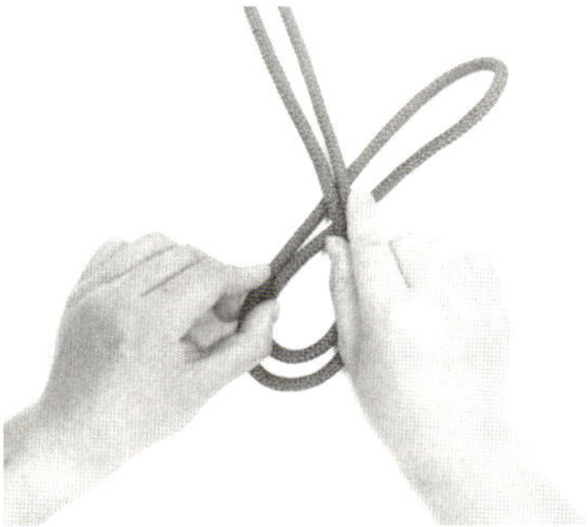

步骤1

步骤2

步骤3

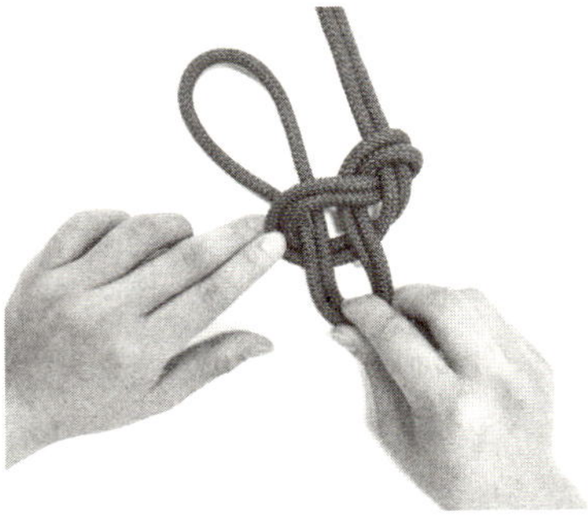

步骤4

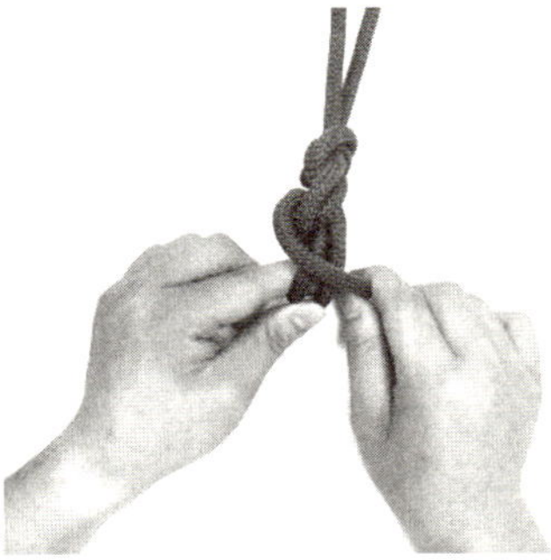

步骤5

步骤6

扫描二维码，观看详细操作。

(九)8字绳环

水手们曾不喜欢这种结，因为用潮湿的大麻绳和马尼拉麻绳打的这种结在施加力后很难解开。而现在，洞穴探险者和登山者常用此结。这种结即使对初学者来说也很容易，而且便于检查(在光线不好时和恶劣的天气下都可以)。如果把活端和本绳系在一起可以使结更牢固。

步骤

1. 用绳子一端打一个大的绳耳。
2. 把绳耳对折，形成一个双股的绳环。
3. 把绳环转动半圈。
4. 把绳耳从后向前塞进双股绳环内收紧绳结。

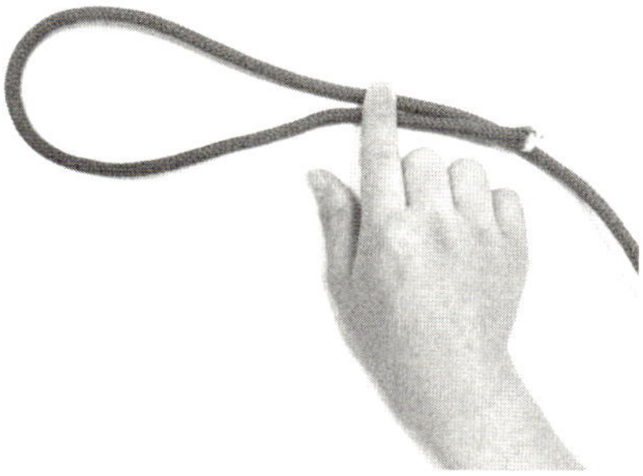

步骤 1

步骤 2

步骤 3

步骤 4

扫描二维码，观看详细操作。

（十）抓结

当受到向下的力时，此结会被拉紧而不能移动，当这个力移走时，这个结又可以滑动了。此结已经演变出很多不同的抓结。

步骤

1. 用长吊索打一个绳耳，把它平放在依附物上。
2. 把绳耳对折并拉到依附物下。
3. 把吊索的本绳从绳耳中穿过。
4. 稍微松一下绳耳，然后把它再次拉到依附物上方。
5. 把绳耳再次拉到依附物下方。
6. 把本绳再次从绳耳中穿过，并拉紧。

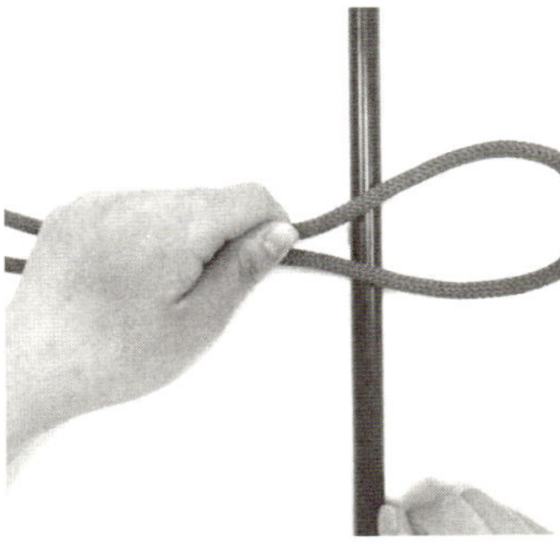

步骤 1

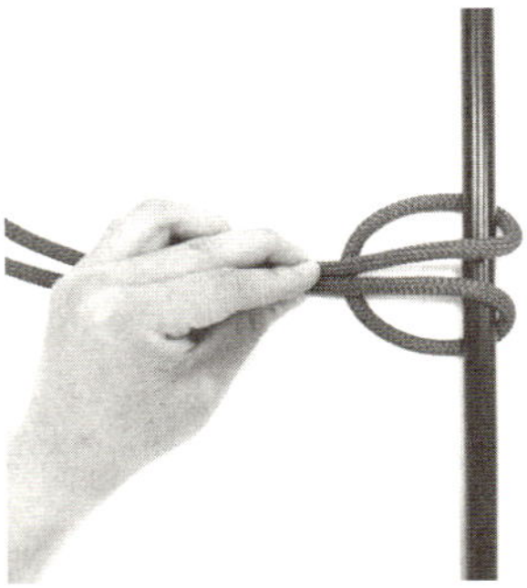

步骤 2

步骤 3

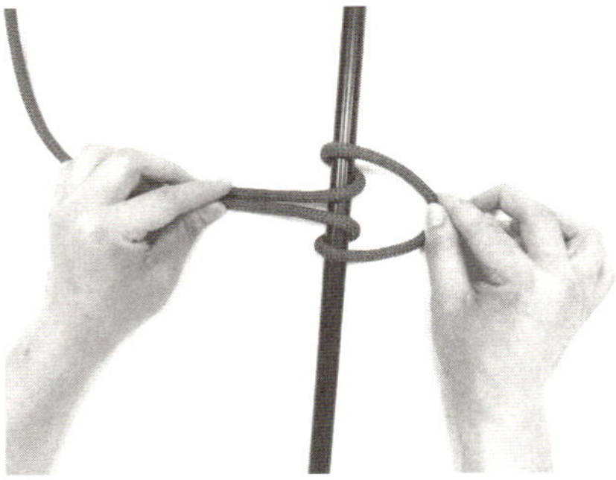

步骤 4

步骤 5

步骤 6

(十一)阿尔卑斯蝴蝶结

此结是一种经典结,欧洲登山队的队员会用这种方法打他们的领结作为标志。此结是用绳耳打的。

步骤》

1. 把绳绕在手掌上形成一个绳耳。

2. 将活端再绕一圈,形成一个完整的线圈。

3. 再用活端绕一圈。
4. 把右边的线圈(从手上面)拉到中间。
5. 把现在位于右侧的线圈拉到左侧,形成新的左侧线圈。
6. 把现在位于左侧的线圈塞进右侧的两个线圈下(从左到右)。
7. 拉出绳耳,调整至所需尺寸,然后拉两侧本绳收紧绳结。

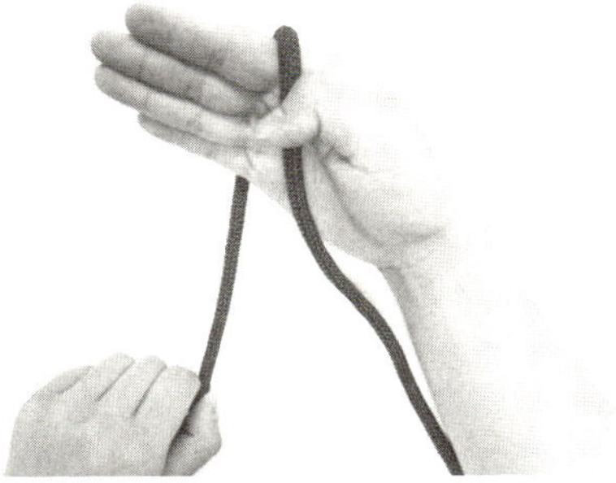
步骤1

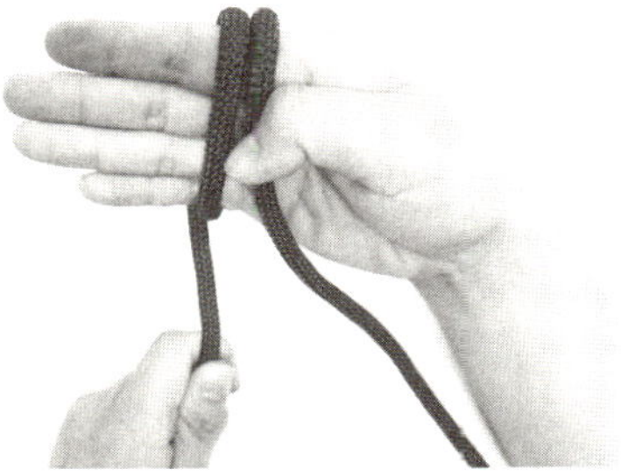
步骤2

步骤3

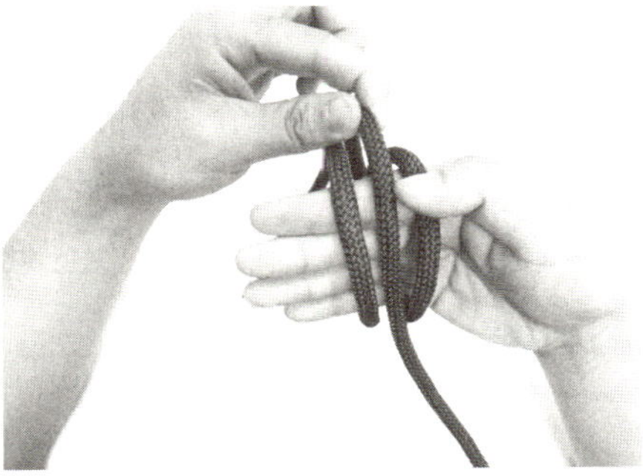
步骤4

步骤5

步骤6

步骤 7

扫描二维码，观看详细操作。

（十二）西班牙称人结

此结是一种古老的结，张开的两个绳环可分别套住人的双腿，把人安全提起或者降落。消防队、救援队等常使用此结。使用此结救人时，要用绳子将被提起的人在齐胸的位置紧紧捆住，使其不会滑出。此结非常牢固，以前常用于海上救援。

步骤》》

1. 在绳子的中间位置打两个对称的绳环。

2. 把左边的绳环向上逆时针转半圈。

3. 把右边的绳环镜像转动（顺时针）。

4. 将左边的绳环从右边的绳环中穿过。

5. 把两个绳环拉开。

6. 再把绳环交叉处的线圈拉开，形成两个绳耳。

7. 将下面的两个绳耳拧成两个小绳环并将其向上拉，令其分别从上面的绳环中穿过。

8. 把两个小绳环向外拉，直到其满足尺寸需求，然后拉下面的两条绳腿收紧绳结。

步骤 1

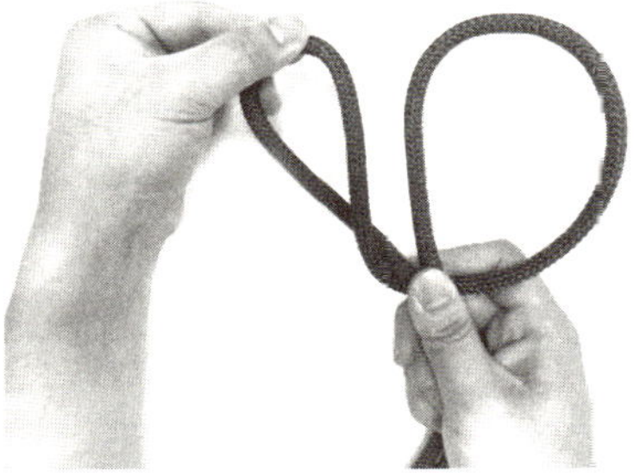

步骤 2

步骤 3

步骤 4

步骤 5

步骤 6

步骤 7

步骤 8

扫描二维码，观看详细操作。

四、紧急情况打结逃生

遇到紧急情况，如果没有专业逃生绳，可充分借助身边的物品打结逃生。以下以消防逃生绳和床单举例。其余物品均可照此使用。

（一）如何将消防逃生绳打结系在身上

将逃生绳系在身上的方法如下：

(1)把绳子两端对齐，取中间的位置挂在脖子上。

(2)将绳子从大腿外侧向内绕，两边都是一样的绕法。

(3)将绳子从腰后穿过，左右两侧绕法一样。

(4)取下头部绳子使劲往下拉。

(5)将绳子从后腰交叉，余下的绳子依次绕上，绕的圈数取决于绳子的长度。

(6)用安全扣将大腿处的一根绳子和腰部的两根绳子扣住。

扫描二维码，观看详细操作。

（二）火灾发生后可利用床单逃生

床单打结方法如下：

(1)将两张床单扭成绳状，分别抓住一个角进行十字交叉。

(2)一个角固定，另一个角翻转一圈，两者扭成麻花状。

(3)再将两个角进行十字交叉。

(4)扎成结。

(5)将结头多出的床单角分别再各打一个结。

扫描二维码，观看详细操作。

（三）床单打结做背带

此方法是两个人把一张床单打开，右边的人手持右上角，左边的人手持左下角；两个人分别向相反方向拧紧床单，把右上角和左下角交叉在一起打成不容易松动的平结，将床单做成圆环状；把圆环拧成8字，被背的人双脚分别套进8字的两个圆环里，背负的人也把双臂插进两个圆环里进行背负。可以根据需要调整打结的位置。

扫描二维码，观看详细操作。

实践与提升

练习12种打结方法

学习单结或拇指结、多重单结、渔人结、双渔人结、破裂结、用活端打的双套结、8字结、兔儿结、8字绳环、抓结、阿尔卑斯蝴蝶结、西班牙称人结。

活动目标：

重视技能训练，在突发情况下可以自救或者救助他人。

活动准备：

绳子（样式不限）。

活动过程：

每位同学演练12种打结方法。

个人感受：

云课堂

扫描二维码,阅读《暴雨洪灾下中国救援力量守护民众安全》。

任务评价

学生自评/互评表

班级:　　　　　　　　　　　　姓名:　　　　　　　　　　　　学号:

评价项目	评价标准	分值	自评	互评
学习态度	积极学习相关材料,认真完成作业和学习任务	15		
专业知识	了解绳结的相关内容,掌握打结逃生的方法,且能准确判断是否适合打结逃生	20		
研讨精神	积极参加讨论,对其他人的发言能提出合理的分析和见解	15		
团队协作	能很好地融入小组讨论,与组内成员沟通顺畅,共同推进学习进程	15		
信息素养	会检索相关文献,能运用新媒体进行相关练习	15		
情怀素养	弘扬"一方有难,八方支援"的救援精神	20		
合计		100		

教师评价表

班级：　　　　　　　　　　姓名：　　　　　　　　　　学号：

评价项目		评价标准	分值	得分
考勤		无迟到、早退、旷课现象	5	
专业知识	手工制作救生衣	制作救生衣的流程得当	10	
		打的结结实且不滑落	10	
	1秒单手完成救命结	打结的方法正确	10	
		打结的速度快	10	
		打结的质量有保证	10	
	练习12种打结方法	熟悉12种打结方法	30	
		能举一反三完成其他打结任务	5	
综合表现		课堂表现好，积极参与讨论和学习，学习效果好	10	
		合计	100	
综合评价	自评（20%）	互评（30%）	教师评价（50%）	综合得分

项目五

水火共相“生”

知识目标

1. 熟悉水上运动的安全知识，了解消防设施的重要作用。

2. 掌握防溺水知识、自救和他救方法。

3. 掌握火灾成因、火灾预防及逃生方法。

技能目标

1. 具备心肺复苏能力和正确操作消防设施的能力。

2. 提升遭遇水灾、火灾时的基本逃生自救能力。

素质目标

1. 树立消防安全的责任感、使命感。

2. 理解红旗渠精神、九八抗洪精神，不怕困难，顽强拼搏。

导 言

水和火是我们生活中既常见又不可或缺的重要能源和物质。水是生命之源，火是人类文明进步的基石。民无水火不能生活，而不好好使用水火，也会引发一些灾难。大学生需要了解水灾、火灾的相关知识，掌握面临水灾、火灾时的基本逃生技能。

知识图谱

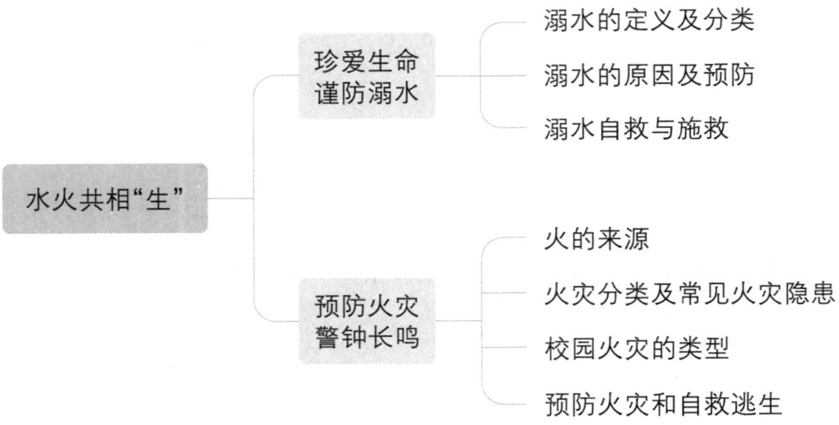

任务一　珍爱生命　谨防溺水

任务描述

水是生命之源，是人类赖以生存和发展的不可缺少的最重要的物质资源之一。水具有两面性，一方面水是丰饶、创造、不死、再生的象征性，另一方面水又有毁灭、破坏、死亡、断绝的反面力量。我们要珍惜和保护水资源，但也要谨防溺水。

1. 分小组讨论红旗渠精神和九八抗洪精神，完成工作表单1。

2. 分析案例《别让青春在水中凋零》，完成工作表单2。

任务准备

1. 分小组，4—6人为一组，选定小组长或主持人。

2. 熟悉红旗渠精神和九八抗洪精神。

任务实施

工作表单1

分小组收集红旗渠精神和九八抗洪精神产生的历史背景、具体内涵，并谈一谈自己对这两种精神的理解和感想，填写表单。

	红旗渠精神	九八抗洪精神
产生的历史背景		
具体内涵		
自己的理解和感想		

工作表单2

别让青春在水中凋零

某年某月某日，某高校大二学生王某、段某等6人从寝室出发前往同学陈某的家集合，然后7人（均是成年人）一起去江边烧烤。他们自驾两辆小汽车（一辆是租来的，一辆是陈某家的），于上午11点半到达目的地，然后一边吃烧烤，一边喝啤酒。

下午，他们觉得有些热，遂在江边洗脚。此时，水位不算太高，他们便萌生了游泳的想法，于是王某、段某、徐某、周某、顾某5人脱掉衣服下江游泳。突然，王某一脚踩进了漩涡，发生溺水，附近的周某和顾某试图营救，但因不熟悉水域情况，周某也溺水了，之后顾某拽着陈某从岸上丢下的轮胎，成功上岸。王某、周某被江水冲走。

岸上的陈某、姚某大声呼救，但此处比较偏僻，没什么路人。他们立即拨打了110、120，110随即联系了某救援队实施搜救工作。遗憾的是，水情复杂，直到第二天下午才找到王某和周某，均已经没有生命体征。

王某等发生溺水的原因有哪些

溺水者能够成功脱险的有利因素有哪些

发现有人溺水，岸上的人可采取哪些措施施救

你从此案例中吸取了哪些经验教训

名言警句

汤汤洪水方割，荡荡怀山襄陵，浩浩滔天。

——《尚书·尧典》

任务分析

2020年5月，习近平总书记参加十三届全国人大三次会议内蒙古代表团审议时指出，“人民至上、生命至上，保护人民生命安全和身体健康可以不惜一切代价”。《2022中国青少年防溺水大数据报告》显示，我国每年约有5.9万人死于溺水，其中未成年人占95%以上。2021年4月，第七十五届联合国大会通过全球预防溺水决议，并将每年7月25日定为世界预防溺水日。

一、溺水的定义及分类

（一）溺水的定义

溺水是指人由于淹没在水或其他液体中而经历呼吸障碍，并造成伤害的过程。

（二）溺水事故的种类

一是在开放水域游泳戏水溺水。开放水域通常是指江河湖海、水库等场所。二是在封闭水域游泳溺水。封闭水域主要是指划定一定范围的旅游景区河湖水上项目及游泳池内。三是洪水导致溺水。极端强降雨导致洪涝灾害，引发局地山洪灾害，造成人员溺水事故。

二、溺水的原因及预防

（一）溺水主要原因

一是防溺水安全意识薄弱，危险识别和自我保护意识欠缺。二是缺乏游泳技能，在游泳中出现抽筋等紧急情况无法冷静处理，自救能力弱。三是独自下水、贸然下水、身体不适下水。四是在不明水域、严禁下水区域擅自下水。五是不注意观察水文变化，未留意气象预报提醒，下水后不注意观察暗礁、暗坑、急流、漩涡等。

（二）如何预防溺水事故

一是严禁独自下水游泳、戏水，尽量结伴出行。二是严禁在水边嬉戏打闹，谨防失足落水。三是下水前应充分做好准备活动，过饿过饱过疲劳以及身体不适不可下水，不可长时间在水下活动。四是不在不明水域、严禁下水区域游泳或戏水。五是遵守游泳场所等水域规则，严禁超越警戒线。六是随时观察天气和水文情况，进行游泳等水域活动时时刻观察水流、风向、潮汐等。

三、溺水自救与施救

（一）溺水事故自救

当自己溺水时，可以采取以下措施：

（1）保持冷静，及时发出求救信号。

（2）均匀呼吸，保持体力，也可借助周围有浮力物品等待救援或慢慢靠岸。

（3）遇到腿部抽筋时，深吸一口气仰卧水中。如果是小腿抽筋，用抽筋腿对侧的手握住抽筋腿的脚趾，用力向身体方向回拉，同侧手压在抽筋腿的膝部使之伸直，直至痉挛消除；如果是大腿抽筋，双手或单手抱住小腿使之与大腿折叠靠紧，并尽量使大腿贴近胸部，然后松手，用力将腿伸直展开，反复进行，直至痉挛消除。

（4）当不幸被水冲走时，身体应尽量保持仰卧姿势，脚在前，头在后，观察前面情况，尽量保证安全。

（5）如遇漩涡，身体平卧，用爬泳或侧泳游出漩涡；如遇淤泥，千万不能单脚站立，应使身体俯卧水面，用两手在体侧连续快速用力向下压水，脚尖伸直，轻轻从淤泥中拔出，脱离淤泥。

（6）如遇水草缠住，立即平直地仰卧水中，慢慢解开缠住肢体的杂草，然后两臂靠近体侧，用手掌拨动划水，原路退出水草区。

（二）溺水事故施救

（1）发现他人溺水第一时间进行报警求助，准确说明溺水地点和溺水人数等情况。

（2）未经过专业训练人员不能盲目下水救援，可将救生圈或有浮力的物品等扔给溺水者。

（3）将竹竿、绳子等抛向溺水者，让溺水者借助这些工具靠岸。

（4）下水救人时，接近溺水者要采用面向其背面、侧面的方式，尽量减少被溺水者抱、抓的可能性。一旦被抱或抓应根据不同抱抓部位采用相应解脱术进行解脱，并迅速控制溺水者，将其从水中拖带至岸边。

（三）救援后的急救措施及注意事项

1.心肺复苏术（CPR）

当溺水者被救上岸后，若发现其呼吸骤停，应当及时对其进行心肺复苏术。第一步，判断意识，检查呼吸。先将溺水者放置仰卧位，头部不能高于心脏位置，双手置于身体两侧。第二步，开放气道，清理口腔异物。第三步，打开气道，人工呼吸，可采用口对口或者口对鼻的方式。第四步，进行胸外按压，溺水者仰卧在地面上，施救人员跪在溺水者一侧，将一只手的掌根放在溺水者两乳头连线中间，将另一只手的掌根置于第一只手上，双手交叠，伸直双臂，用力快速按压，按压深度达到5—6厘米，按压速度不少于每分钟100次。

溺水分为干性溺水和湿性溺水。干性溺水是指溺水时患者反射性地发生了喉头痉挛、声门闭锁，导致其呼吸暂停，外界水分并没有进入呼吸道；湿性溺水是指溺水者通过呼吸道吸入了大量水分，导致呼吸道和肺泡内充满水分，阻碍了气体交换。以往很多人误以为溺水者必须控水，但研究表明对于溺水者而言，控水不是必要步骤，因为控水易引起胃内容物反流并进入气道，增加窒息的风险，也可能导致肺部感染，延误心肺复苏时间，使溺水者丧失最佳复苏机会。

2. 脊柱受伤急救

脊柱神经受损可能导致溺水者瘫痪甚至死亡。当发现溺水者脊柱受伤时应尽量支撑住其头部，不移动其身体，防止身体二次受损。可采用头锁法进行急救，施救者双膝跪在溺水者头顶，并与溺水者身体呈一条直线，稳固双手，肘关节撑在地上，双手掌放在溺水者头两侧，拇指轻按溺水者前额，食指、中指按面颊，无名指和小指放在耳下，但不要超过耳垂。需要双人或多人协同配合，采用颈托、担架和躯体固定器将溺水者运送医院急救。

实践与提升

溺水自救模拟演练

活动目标：

学会溺水自救方法。

活动准备：

分小组，4—6人为一组。

活动过程：

1. 组内进行自救展示（分为会游泳和不会游泳两种情况）。
2. 同组学员相互观摩，判断对方的自救方法是否得当。
3. 老师点评。

优点：____；

缺点：____；

个人感受：____。

云课堂

扫描二维码，阅读《当车辆被水淹没我们该如何自救》和观看视频《汽车落水自救》。

任务评价

学生自评/互评表

班级：　　　　　　　　姓名：　　　　　　　　学号：

评价项目	评价标准	分值	自评	互评
学习态度	积极学习相关材料，认真完成作业和学习任务	15		
专业知识	了解水安全、防溺水的相关内容，掌握溺水自救和救助他人的方法	20		
研讨精神	积极参加讨论，对其他人的发言能提出合理的分析和见解	15		
团队协作	能很好地融入小组讨论，与组内成员沟通顺畅，共同推进学习进程	15		
信息素养	会检索相关文献，能运用新媒体进行相关资料的收集和信息提炼	15		
情怀素养	弘扬红旗渠精神、九八抗洪精神，提升维护安全的社会责任感、使命感	20		
合计		100		

教师评价表

班级：　　　　　　　　姓名：　　　　　　　　学号：

评价项目		评价标准	分值	得分
考勤		无迟到、早退、旷课现象	5	
专业知识	讨论红旗渠精神和九八抗洪精神	知晓两种精神产生的历史背景和具体内涵	10	
		将红旗渠精神和九八抗洪精神融入自己的学习和生活中	10	
	分析案例：《别让青春在水中凋零》	掌握导致溺水的可能因素	10	
		大学生应该怎么避免溺水	10	
		掌握正确的溺水自救和他救方法	10	
	溺水自救模拟训练	流程规范，动作标准，力度得当	15	
		有快速的反应能力，有良好的沟通能力和观察能力	10	
		注重人文关怀	10	
综合表现		课堂表现好，积极参与讨论和学习，学习效果好	10	
		合计	100	
综合评价		自评（20%）　互评（30%）　教师评价（50%）	综合得分	

任务二　预防火灾　警钟长鸣

任务描述

通过学习取火的方式，掌握一种生活技能；通过对校园内外典型火灾案例的了解和分析，吸取火灾教训，提升消防安全意识，强化消防知识储备，增强消防逃生和自救能力。

1. 分小组讨论，完成工作表单 1。

2. 分析案例《决战缙云山——记重庆北碚缙云山“战山火”胜利》，完成工作表单 2。

任务准备

1. 明确主题、任务与内容，准备实验用的相关材料。

2. 分小组，4—6 人为一组，选定小组长或主持人，选择讨论地点，排列座位。

任务实施

工作表单 1

收集火灾扑救的方法，分析每种灭火方式的原理及操作步骤。日常生活中我们可以借助哪些工具进行灭火？请列举在下面表单中。

灭火方式	需要的工具	灭火操作步骤

工作表单2

扫描二维码学习案例,完成以下表单。

扑灭重庆北碚缙云山山火时用到了哪些消防设备和灭火战术	
消防人员和志愿者们救火时的注意事项有哪些	
重庆北碚缙云山“战山火”的胜利带给你哪些感动和启示	

名言警句

千丈之堤,以蝼蚁之穴溃;百尺之室,以突隙之烟焚。

——《韩非子·喻老》

任务分析

火是人类文明进步的标志,在人类发展的漫长历程中,人们发现了火并敬畏火、崇拜火和利用火。我们在利用火的同时也要防止火灾的发生。每个大学生都应增强校园防火安全意识,因为隐患险于明火,防范胜于救灾。消防责任重于泰山。

一、火的来源

火的来源分为自然来源和人工来源。自然来源主要有雷电起火、自燃取火、火山爆发等。人工来源主要有人类利用掌握的取火技术进行取火。

（一）雷电起火

最早人类发现火是源于大自然，尤其是雷电起火。全球每年都有因雷电引发的森林火灾事故。如1988年的美国黄石公园特大森林火灾、2019年的澳大利亚森林大火、2019年的四川省凉山州木里县森林火灾。

（二）自燃起火

自然界部分物质在一定条件下达到燃点会自燃。例如黄磷、磷化氢等在空气中会自燃，钾、钠等活泼金属遇水会释放氢气和大量的热，从而引起自燃。古代诗词多有自燃的记载，宋代陆游的《老学庵笔记·卷四》："予年十余岁时，见郊野间鬼火至多。"唐代贯休《行路难》："君不见烧金炼石古帝王，鬼火荧荧白杨里。"这里的"鬼火"实际上就是磷化氢的自燃现象。

（三）火山爆发

火山的形成是一系列物理化学过程。主要是地球内部存在的大量的放射性物质，在自然状态下衰变，产生大量的热。这些热无法散发到地面，温度不断升高，直至把岩石熔化，形成地球内部的高温熔化状态的岩浆。这些岩浆一旦冲破地壳喷出地面，就形成了火山爆发。

（四）人工取火

人类古老的取火方式有钻木取火、击石取火等，现代社会人工取火的方式主要包括借助火柴、打火机等取火。

二、火灾分类及常见火灾隐患

（一）火灾及分类

火灾是指在时间或空间上失去控制的燃烧所造成的灾害。《火灾分类》（GB/T 4968—2008）规定，根据可燃物的类型和燃烧特性将火灾定义为六个不同的类型，分别是：A类火灾，指固体物质火灾，例如木材、干草等火灾；B类火灾，指液体或可熔化的固体物质火灾，例如煤油、沥青、石蜡等火灾；C类火灾，指气体火灾，例如煤气、天然气等火灾；

D类火灾，指金属火灾，例如钾、钠、铝镁合金等火灾；E类火灾，指带电火灾，例如配电箱、实验室精密仪器等火灾；F类火灾，指烹饪器具内的烹饪物（如动植物油脂）火灾，例如食用油烹饪油锅起火。生活中最常见的是A、B、E、F类火灾。

（二）常见火灾隐患

1.用火用电用气习惯不良

日常生活中，卧床吸烟、蚊香使用不当、厨房油烟管道未及时清洗、做饭离人锅烧干等都可能导致火灾。此外违章动火动焊，实验室、厂区库房违反安全流程操作也容易引发火灾。2006年7月14日，中国传媒大学一女生宿舍起火，原因是充电器起火。2016年8月17日，烟台大学一公寓有学生点燃蚊香后外出，蚊香引燃周围可燃物引发火灾。2021年12月13日，广东工业大学龙洞校区一食堂发生火灾，起火部位为厨房油烟管道。

2.电气线路老化、短路、超荷

2017年11月18日，位于北京市大兴区西红门镇新建村的一幢楼发生火灾，事故造成19人死亡、8人受伤及重大经济损失。该起事故直接原因为地下冷库制冷设备在调试过程中，电缆电气故障造成短路，引燃周围可燃物，可燃物燃烧产生的一氧化碳等有毒有害烟气蔓延导致人员伤亡。

3.消防设施故障无法发挥正常作用

消防设施的主要作用是及时限制火灾蔓延扩大，为有效扑救火灾和人员疏散创造有利条件，从而大大减少火灾造成的财产损失和人员伤亡。2018年8月25日，哈尔滨北龙汤泉休闲酒店发生重大火灾事故，造成重大损失，其中的一个主要原因是建筑内消防设施日常检修维护不到位，事发时喷淋系统和消火栓内均无水，消防灭火系统完全处于瘫痪状态，使得初期火灾未被有效控制，导致损失扩大和人员伤亡。

三、校园火灾的类型

大学校园里，火灾是威胁学生安全的重要因素之一。尽管全国各高校对防火工作都十分重视，加大了整治火灾隐患的经费投入，采取了很多预防火灾的措施，但每年在高校仍有火灾发生。校园火灾主要有以下几类。

（一）生活火灾

生活用火一般指人们的炊事用火、取暖用火、照明用火、点蚊香、吸烟、燃放烟花爆竹等。由生活用火造成的火灾称为生活火灾。引起学生生活火灾的原因主要包括：

1. 擅自使用炉具

高校宿舍是同学们学习和休息的地方，但个别学生违反学校的管理规定，尤其是在假期，为图方便在宿舍使用电磁炉等炉具做饭，因使用不当引发火灾事故。

2. 随意燃点蚊香

盘式蚊香具有很强的引燃能力，点燃后没有火焰，一般能持续燃烧几个小时，其中心温度可达700℃，超过了纸张、木材、棉花、麻、化纤织物等可燃物的燃点，一旦接触到这些可燃物就会引起燃烧，甚至扩大成火灾。

3. 胡乱丢弃烟头

燃着的烟头体积虽小，但温度很高。据测定，其表面温度在200—300℃，中心温度高达700—800℃，而一般可燃物质的燃点都在这个温度以下，如棉花、纸张、麻、布匹等，当烟头的火源与这些可燃物接触时，很有可能把这些物质加热到它们的燃点而引起燃烧，甚至酿成火灾。

4. 肆意焚烧杂物

使用明火，最易发生火灾。有的同学随意在宿舍内焚烧废弃物，若靠近蚊帐、衣被等可燃物易引起火灾，或火种未彻底熄灭人就离开，火星很有可能飞溅到这些可燃物上引起火灾，酿成大祸。

5. 树下、草坪用火

在树下、草坪上吸烟、野炊、烧荒，都能引起火灾。因树下有较多落叶、枯草，尤其冬季草坪枯萎，特别是天气干燥时，一遇火种，也极易引发火灾。

有统计表明，生活火灾已占校园火灾事故总数的70%以上。安全使用生活火源必须引起大学生的高度重视，大学生必须学会自防自救。

(二)电气火灾

不当使用电脑、台灯、充电器、电吹风、电热毯等导致的火灾为电气火灾。大学校园里引起电气火灾的主要原因包括：

1. 乱拉乱接电线

由于学生宿舍所设电源插座较少，而学生用电气器具的数量逐步增多，有的同学私拉乱接电线，增加了线路负荷，加上使用的大多是低负荷的软电线，长期超负荷运行后电线出现绝缘老化等，从而易引起线路短路发生火灾。

2. 违规使用大功率电器

学生宿舍内的供电线路、供电设备，都是根据实际使用计划进行设计的，如果学生在宿舍内使用大功率电器，如电炉、电饭锅等，超出负荷，电线就会发热，极易引起火灾。

3. 其他不当使用行为

在高校中，因不当使用电器引发火灾的现象比较普遍。如充电器长时间充电，若被衣物覆盖，散热不良，易引起燃烧；灯泡靠近纸张等可燃物，长时间烘烤易起火。同时，个别大学生购置的电子产品为不合格产品，这也是引发事故的重要原因之一。

（三）实验室火灾

着火是实验室特别是化学实验室和物理实验室里最容易发生的事故，常见原因有：

1. 化学药品使用不当

实验室里需要经常存放多种化学药品，其中不乏易燃易爆物品，如乙醚、酒精、丙酮、二硫化碳、苯等。这些药品不得存放过多，且不可倒入下水道。一旦管理不善，极易造成火灾。用明火加热易燃有机溶剂时，必须有冷凝装置或合适的排放装置。

2. 电气设备管理使用不当

有些实验室内配置有风干机、电烤箱、电热炉等电热设备，使用和管理不当极易引发火灾。因此，电气设备严禁超载、超负荷运行，要特别关注大功率的设备，防止线路短路。

3. 实验操作过程不规范

大学生做实验时，若违反操作规程，也会引起火灾。如在使用电感实验设备时将物品覆盖在散热孔上，使设备聚热，导致设备燃烧；用火时，周围的可燃物未清理完，火星飞溅到可燃物上引起燃烧；做化学实验时将一些化学试剂混在一起，实验材料温度过高，也能引起火灾事故。

四、预防火灾和自救逃生

（一）增长消防知识，提升消防意识

《中华人民共和国消防法》第五条规定：“任何单位和个人都有维护消防安全、保护消防设施、预防火灾、报告火警的义务。任何单位和成年人都有参加有组织的灭火工作的义务。”作为大学生，我们要认真吸取火灾事故教训，树立牢固的消防安全意识，改变和杜绝不良用火用电习惯，掌握消防安全知识技能，增强扑救火灾和逃生自救能力，从我做起，从现在做起，从小事做起，共同构筑校园“防火墙”，确保安全的学习和生活环境。

（二）杜绝火灾隐患，防范火灾风险

1.学生宿舍防火，需要做到十严禁

（1）严禁私自乱拉乱接电源线路，避免电线穿行于可燃物中间。

（2）严禁擅自拆除、迁移宿舍内的供电线路及设施。

（3）严禁使用电热器具，如电磁炉等。

（4）严禁使用有破损的接线板。

（5）严禁使用假冒伪劣及不合格电子产品。

（6）严禁使用电器时无人看管。

（7）严禁明火照明，严禁用可燃物做灯罩。

（8）严禁在床上吸烟、在室内乱扔烟头、乱丢火种。

（9）严禁在室内燃烧杂物、燃放烟花爆竹。

（10）严禁在室内存放易燃易爆物品。

2.实验室防火，采取如下防范措施

（1）应充分做好实验前的准备，熟悉实验内容，掌握实验步骤。进行实验时，严格按实验规程操作，防止因不规范操作造成火灾。

（2）服从实验指导老师的指导，严格遵守实验室纪律，禁止在实验室玩耍、打闹，防止打破仪器设备酿成火灾。

（3）严禁摆弄与实验无关的设备和药品，特别是电热设备。

（4）严禁携带任何火种和其他与实验无关的易燃易爆物品进入实验室。

（5）严禁闲杂人员特别是小孩进入实验室，防止因外人的违章行为导致火灾。

（6）严禁在实验室居住，更不能在实验室内及附近使用生活用火，特别是不能使用明火，不准燃放烟花爆竹，防止引燃室内易燃物和其他可燃物发生火灾。

（7）注意电热器具的正确使用和保管，正在使用的电热器具不准接近可燃物。

（8）严格实验室用电制度，用电设备安装必须符合国家规定的技术规范。

（9）详细掌握所处实验室内药品的化学特性，严禁将化学性质相抵触的药品混装、混放。

（10）实验完毕应关闭电源、火源、气源、水源等，剩余的实验药品必须按规定处理，严禁带走或倒入下水道。

3.其他公共场所防火，应掌握如下防火知识

（1）严格遵守公共场所的防火规定，摒弃一切不利于防火的行为。如不携带易燃易爆品，不吸烟或随地丢弃烟头、火种，保持安全通道的畅通等。

（2）进入公共场所，首先要了解所处场所的基本情况，熟悉防火通道。

(3)面对火情,要能够做出准确判断,能及时扑救的要及时扑救,已经蔓延时要立即疏散逃生。

(三)认识消防设施,正确使用消防设施

常见的消防设施有以下几类:

1.火灾报警类

感烟探测器(图一),是通过探测烟雾浓度来实现火灾防范的设备。手动火灾报警按钮(图二),是当火灾发生后人工手动按下按钮,可向火灾报警控制系统发出信号的设备。声光警报器(图三),是一种用在危险场所,通过声音和各种闪光来向人们发出示警信号的报警信号装置。应急广播,是在火灾发生时,通过火灾报警系统联动启动或人工启动,发出警告和提示语音,提醒建筑物内的人员紧急疏散到室外或避难层等安全区域的设备。

(图一)

(图二)

(图三)

2.灭火及排烟、通风设施类

灭火器(图四),是最常见的灭火器材,内部储存化学试剂,用以扑灭火灾。消火栓(图五)、喷淋头(图六)、排烟口(图七)、正压送风口(图八)等也是较常见的消防设施。

(图四)

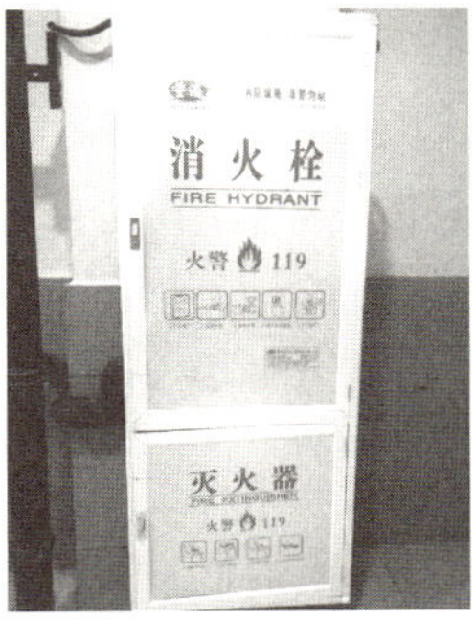

(图五)

(图六)

（图七）

（图八）

(1)灭火器的作用、适用范围及使用方法。

灭火器一般分为泡沫灭火器、干粉灭火器、二氧化碳灭火器、水基型灭火器等。

① 泡沫灭火器。

泡沫灭火器的作用：在燃烧物表面形成泡沫覆盖层，可使燃烧物表面与空气隔绝，起到窒息灭火的作用。泡沫层不仅能隔绝氧气，还能阻止燃烧产生的热量对周围的可燃物进行热辐射。泡沫析出的水对燃烧物表面进行冷却，泡沫受热蒸发产生的水蒸气可以降低燃烧物附近的氧的浓度。

适用范围：泡沫灭火器适用于扑救A类火灾，也适用于扑救一般B类火灾，如油制品、油脂等火灾，但不能扑救B类火灾中的水溶性可燃、易燃液体的火灾，如醇、酯、醚、酮等物质火灾，也不能扑救带电设备及C类和D类火灾。

使用方法：第一，右手托着压把，左手托着灭火器底部，从放置处轻轻取下灭火器；第二，右手提着灭火器迅速到达现场；第三，除掉铅封，拔掉保险销；第四，把灭火器的喷嘴朝向燃烧区，站在离火源2—3米(也有说法是8米)的地方喷射，并不断前进，兜围着火焰喷射，直至把火扑灭；第五，灭火后，把灭火器卧放在地上，喷嘴朝下。

②干粉灭火器

干粉灭火器的作用：一是干粉能够覆盖在燃烧物表面，使燃烧的连锁反应中断；二是干粉遇到高温分解时吸收大量的热，并放出水蒸气和二氧化碳，达到冷却和稀释燃烧区空气中氧的作用。

适用范围：适用于扑救可燃液体、气体、电气火灾以及不宜用水扑救的火灾。ABC干粉灭火器可以扑救带电物质火灾和A、B、C类物质燃烧的火灾。

使用方法：第一，“提”。提起灭火器。第二，“拔”。拔掉保险销。第三，“握”。一只手握住喷射软管。第四，“压”。另一只手往下按压把，在上风口对准火源根部进行喷射灭火。

③二氧化碳灭火器。

二氧化碳灭火器的作用：当燃烧区空气中的二氧化碳含量达到30%—35%时，燃烧的火就会熄灭，主要起窒息灭火作用；同时二氧化碳在喷射灭火过程中吸收一定的热能，也就有一定的冷却作用。

适用范围：二氧化碳灭火器主要适用于扑救图书档案、精密仪器、珍贵设备、小量油类以及其他一般物质的火灾，不适用于活泼金属火灾。

使用方法：第一，先拔出保险栓。第二，压下压把（或旋动阀门）。第三，将喷口对准火焰根部灭火。

注意事项：使用时要戴手套，以免皮肤接触喷筒和喷射胶管后被冻伤。使用二氧化碳灭火器扑救电气火灾时，如果电压超过600伏，应先断电后灭火。

④水基型灭火器。

水基型灭火器的作用：使用简单，不用倒置直接使用；有着阻燃和抗复燃的双重灭火特点，而且灭火完成后，不会对物体产生污染；可以直接喷射在人身上，避免火焰对人体造成伤害。

适用范围：可用于扑灭固体和液体的初起火灾，是木竹、织物、纸张等开采加工、贮藏等场地的消防必备品。

使用方法：第一，用灭火器扑救流散液体火灾时，应从火焰侧面对准火焰根部喷射，并左右扫射，快速推进，直至把火焰全部扑灭。第二，用灭火器扑救容器内可燃液体火灾时，亦应从火焰侧面对准火焰根部，左右扫射。当火焰被赶出容器时，应迅速将余火全部扑灭。灭火时应注意不要把喷嘴直接对准油液面喷射，以防灭火剂的冲击力使油液飞溅，引起火势扩大，造成灭火困难。第三，用灭火器扑救固体物质火灾时，应使灭火器喷嘴对准燃烧最猛烈处，左右扫射，直至把火全部扑灭。

配备有压力表的灭火器，使用前需检查压力表。如果指针指到绿色区域：表示灭火器内压力正常，虽然可以正常使用。如果指针指到黄色区域：表示灭火器内压力过大，可以使用，但有爆炸的危险。如果指针指到红色区域：表明灭火器内的压力比较小，压力过小会导致灭火器内的干粉等填充剂无法正常喷出。

（2）消火栓的使用。

一是使用室内消防软管卷盘消火栓进行灭火：

①打开消防器材箱门，打开消防软管卷盘。

②拉出消防软管。

③连接水源。

④打开阀门，释放水压。

⑤到达着火位置打开消防枪头，对准火源根部进行灭火。

二是使用室内消防水带消火栓进行灭火：

①拿出消防水带，用手握住水带两端接口，在空旷区域充分展开。

②水带一端连接消火栓，另一端连接水枪。

③迅速跑至起火位置，对准火源打开阀门进行灭火。

扫描二维码，观看详细操作。

(3)喷淋头的作用。

消防喷淋头是消防喷淋系统中的重要组成部分，它安装在墙壁或天花板上，与充满压力的水网管道相连。发生火灾时，喷头中的玻璃球感受到高温后，内部的液体就会开始膨胀，当超过了设定的膨胀温度后，液体就会将玻璃球挤破，此时，水管里的水就会流出，进行灭火。喷头在火焰上方持续喷水，在大多数情况下会完全浇灭火源，或者至少控制热量，限制有毒烟雾的产生，直到消防队到达。尽管它体型小，但危急时刻能发挥关键作用，所以这些喷淋系统的喷头，不能遮挡，不能悬挂衣物，更不能随意损坏。

(4)排烟口的作用。

排烟口是机械排烟系统的重要组成部分，发生火灾时排烟风机启动，将房间、走廊内的火灾烟气排至建筑物外面。排烟口通常设置在建筑物外墙或屋顶上，其开启方式包括手动开启和火灾时通过火灾报警信号联动自动开启。

(5)正压送风口的作用。

正压送风口是发生火灾时用于加压送风的设施。正压送风口会源源不断地对前室进行送风，使前室维持正压，保证烟气不会在这个区域蔓延，而给人逃生的空间。通常安装于楼梯前室、防烟竖井的墙上，亦可安装在防烟系统管道侧面或风道末端。

3.疏散指示类

疏散指示类标志包括安全出口标志(图九)、疏散指示标志(图十)、应急照明灯(图十一)。

（图九）

（图十）

（图十一）

实践与提升

火灾疏散逃生模拟活动

活动目标：

提升火灾发生时的报警和自救逃生能力。

活动准备：

1. 灭火器若干。
2. 设定一个火灾场景，如学校宿舍或食堂某处发生火灾。

活动过程：

1. 根据设定的火灾场景，确定逃生自救方案，时长30秒。
2. 6人为一组，在既定时间内使用灭火器灭火和逃生。
3. 小组轮流演习，其余小组点评。
4. 老师点评。

优点：____；

缺点：____；

个人感受：____________________________________。

云课堂

扫描二维码，观看视频《疏散逃生实验》。

任务评价

学生自评/互评表

班级：　　　　　　　　　　　姓名：　　　　　　　　　　　学号：

评价项目	评价标准	分值	自评	互评
学习态度	积极学习相关材料，认真完成作业和学习任务	12		
专业知识	了解取火的方式，掌握至少一种取火方式	13		
研讨精神	积极参加讨论，对其他人的发言能提出合理的分析和见解	12		
团队协作	能很好地融入小组讨论，共同推进学习进程	12		
沟通交流	能清晰准确地表达自己的观点，与他人交流时态度语气恰当	12		
人文素养	能根据防火技术规范要求，有意识地培养消防安全意识	12		
信息素养	会检索有关火灾防范的相关文献，并主动关注和了解火灾成因，吸取教训	13		
实践应用	根据自我评估和他人评估的结果，加强消防技能训练	14		
合计		100		

教师评价表

班级：　　　　　　　　　　姓名：　　　　　　　　　　学号：

评价项目		评价标准	分值	得分
考勤		无迟到、早退、旷课现象	5	
专业知识	学习灭火知识	知道灭火的原理及操作方法	10	
		能借助一定的方式进行灭火	10	
	分析《决战缙云山——记重庆北碚缙云山“战山火”胜利》	知晓灭火时用到的消防设备和灭火战术	10	
		了解参与灭火的注意事项	10	
		能合理评估此次山火在物质上的损失、在精神上的收获，能将志愿精神发扬光大	10	
	火灾疏散逃生模拟活动	在拟定的火灾现场，能确定逃生自救方案	10	
		在规定时间，能疏散完毕	10	
		能正确使用灭火设备	15	
综合表现		课堂表现好，积极参与讨论和学习，学习效果好	10	
合计			100	
综合评价		学生自评(20%)　小组互评(30%)　教师评价(5C%)	综合得分	

项目六

妙招保你“安”

知识目标

1. 了解生活安全、就业安全的相关法律法规和政策。

2. 掌握常见的生活安全、就业安全的风险种类、原因和预防方法。

3. 掌握识别生活、就业过程中的常见陷阱和风险的知识。

技能目标

1. 能够识别和评估身边的生活安全风险。

2. 能正确解读和应用各类安全规章制度等，保护自身权益。

素质目标

1. 树立正确的劳动意识及维权意识。

2. 提升集体责任感，培养团队合作精神，在日常生活中互帮互助。

导 言

生活安全是维护健康生活的基础。劳动就业安全不仅关系到个人的生计，更涉及社会的稳定。实现了生活与劳动安全，我们才能更加充分地实现个人价值，也才能为社会的繁荣稳定做出贡献。

知识图谱

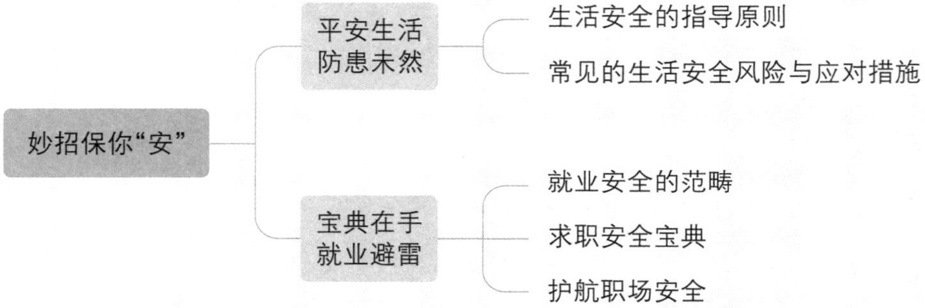

任务一　平安生活　防患未然

任务描述

我们常说“平安是福”，平安与日常生活息息相关。在求学的同时，培养安全意识，学习急救知识，加强安全防范，维护生活平安，以确保自己和周围的人都能享受平安幸福的生活。

1.思考并填写工作表单1。

2.分小组拍摄视频，完成工作表单2。

任务准备

1.明确主题、任务与内容。

2.分小组，4—6人为一组，选定小组长或主持人。

任务实施

工作表单1

以下是一些常见的生活安全事项，认真梳理并填写下表。

序号	分类	具体包含的内容	不同时间节点的生活安全预防及处理措施
1	住宅安全	防盗、防漏水等安全措施，如安装防盗门窗、漏水监测器等，以确保居住环境的安全	曾经 当下 预防 发生 事后
2	食品安全	合理饮食、选用安全食品、食品的储存条件卫生等，以避免食物中毒和营养不良	曾经 当下 预防 发生 事后

续表

序号	分类	具体包含的内容	不同时间节点的生活安全预防及处理措施
3	交通安全	遵守交通规则、驾驶安全、乘车安全等，以减少交通事故和伤害	曾经 当下 预防 发生 事后
4	消防安全	家庭消防设施的配备和维护、预防火灾的常识和应急处理技能等，以保障火灾风险的控制和应对	曾经 当下 预防 发生 事后
5	自然灾害防范	地震、洪水、台风等自然灾害的预警、应急准备、安全疏散等，以保护生命和财产安全	曾经 当下 预防 发生 事后
6	个人安全	针对人身、财产、隐私安全等，采取合理措施，如定期体检、购买保险、保护密码等	曾经 当下 预防 发生 事后
7	环境安全	关注环境污染、辐射、噪声等对健康的影响，积极倡导环保意识和践行环保行为	曾经 当下 预防 发生 事后

填表说明：

曾经：指以前发生过的生活安全事故，如果没有写“无”，否则真实填写。

当下：指现在的生活状态下最需要关注的安全点。

预防：当下应如何做好预防。

发生：如果该问题正在发生，应该如何解决，例如就近呼救、拨打应急电话等。

事后：事情发生后如何处置，例如报送保险公司、主张损失赔偿、诉诸法律等。

工作表单2

案例分析与角色扮演：成立4—6人小组，小组成员汇总工作表单1中大家普遍关注或存在的生活安全事件，进行讨论后选出一件作为案例进行分析并填写下表。完成表单后小组通过情境再现的方式录制3—5分钟的小视频，视频要体现该事件过程并具有一定宣传教育意义，将视频按要求上传到指定平台。

组名(组号)		人数		组长	
案例简述	(简述时间、地点、过程、后果等)				
分析原因					
预防措施					
应对措施					
事后反思					

名言警句

离别何须恨，平安可数传。

——王炎《送王巽泽侍郎》

任务分析

安全是幸福美好生活的基础。我们在成长过程中，除了学习文化知识，也在不断吸收和学习保护自身安全的技能。我们要不断学习和总结各类安全知识，时刻绷紧安全弦，共同筑牢生活的安全防线。

一、生活安全的指导原则

生活安全原则是基于之前的经验和教训,结合现实情况提炼出的一些有效的指导原则,以预防类似的事件再次发生,保障个人和家庭的生活安全。以下是保障生活安全需要遵循的一些原则。

(一)排查隐患,做好预防

提前预防潜在的安全风险,可以大大降低事故和灾害发生的概率。强调预防为主,通过识别、评估潜在的安全隐患,并采取相应的措施进行防范,可以有效避免事故的发生,保障生活安全。

(二)树立安全意识,提升防范水平

我们要对各种安全问题保持高度警惕,了解和认识生活中可能存在的安全隐患,通过不断提升安全意识和学习安全知识,更好地做好防范和应对。

(三)合理规划,准备应急装备

制订灾害应急预案,知道紧急情况下的联络方式、疏散和逃生路径等,尤其熟悉地震、火灾、风暴的应对程序和技巧,当面临危险时才不至于无所适从、惊恐万分。

(四)积极应对,互助协作

在面临危机或紧急情况时,保持冷静,积极应对,采取合适的措施进行自救、互救和报警求助;积极参与和推动安全工作与应急救援,提高整体应对能力。

二、常见的生活安全风险与应对措施

生活中,我们需要时刻警惕风险预防与管控,并掌握应对措施。

(一)公共场所的安全风险与防范

生活中我们需要乘坐交通工具、逛街购物、到影院观影等,在这些公共场所活动,要防范高空坠物、踩踏事件、无差别犯罪及性骚扰等。为了预防和应对公共场所的各种风险,可以采取以下措施。

1. 防范高空坠物

高空坠物指从高处坠落的可能导致严重的人身伤害甚至死亡的物体。个人应保持警惕,注意观察周围环境,远离潜在风险,如未封闭阳台的居民楼、墙皮剥落的建筑立面,以及极端天气下的路灯、广告牌、大树等。如果发现危险迹象,应绕道快速离开,

并立即向相关部门报告，或者协助采取必要的安全措施。另外我们也应该积极排查自己住所的阳台是否存在高空坠物的风险。

2. 防范无差别犯罪

无差别犯罪指没有具体作案目标的恶性犯罪行为，如有组织策划的恐怖袭击，携带刀具、钝器或驾驶车辆对不认识的路人施行人身伤害等。在公共场所发生该类犯罪活动，可能导致大规模的人员伤亡和恐慌。从新闻报道中可以看到无差别犯罪有着明暗与实力的悬殊差距，很难预判发生时间与地点，所以我们更应增强安全防范的敏锐度，出行时保持警觉状态，注意人群中的怪异行为、可疑行为等。

3. 防范性骚扰

研究表明，人流量越大的公共区域，发生性骚扰行为的风险越高，比如上下班高峰期的通勤环境。如遇性骚扰应尽量保持冷静，不要恐慌，这有助于思考应对策略。尽量与骚扰者保持一定的距离，移动到离其较远的位置。如不能移动则需要积极向周围的人寻求帮助，可以大声呼喊。面对性骚扰，要毫不犹豫地表达出反对和要求对方立即停止骚扰的意见，但尽量避免与其发生口角，否则可能加剧紧张情绪，使情况更加恶化。如果有目击者，应尽量请他们留下联系方式，以便其作为证人提供证据。

4. 防范黄赌毒和盗窃

我们从小就知道黄、赌、毒对人的危害，也知道法律严厉打击这一系列违法犯罪行为，但是一些不法分子依然以身试法做出不法行为。例如诱导青少年服用毒品，唆使或强迫受害人借贷、涉黄，甚至使受害人一步步走向犯罪。在受害人的酒水里放置迷药后进行抢劫、强奸等。娱乐场所是违法犯罪行为多发区域，所以大学生要谨慎选择和前往娱乐场所，避免参与非法活动。遇到黄、赌、毒时，重要的是明确自己的底线和原则，在面临诱惑时做好自我约束，并始终牢记黄、赌、毒活动的危害性。如果发现任何违法犯罪行为，应立即报警或向相关部门举报。个人预防意识的提升和行动的坚定将有助于抵抗黄、赌、毒活动的影响和危害。

（二）旅游与户外活动的安全风险与防范

旅行是人生的宝贵体验，认真计划行程、做好旅行准备和谨慎行动，可以更好地享受旅程，让每次出发都成为一段安全而难忘的回忆。

1. 防范旅行风险

在旅行前，对目的地进行详尽了解至关重要。掌握目的地的法律法规、风俗习惯、安全形势以及政治局势。了解当地气候及自己的健康状况，备足药物和急救用品，以备不时之需。规划行程时，制订详细的计划，包括要游览的景点、交通方式、住宿安排等，避免在陌生的环境中盲目行动。外出旅行前为自己购买一份全面的旅游保险，可以确保在紧急情况下获得医疗援助、在丢失物品时获得经济赔偿等。

在旅程中对贵重物品和重要证件要小心收纳，出行时应选择正规交通工具。了解并尊重当地的文化习俗和社会规范，避免冲突和尴尬的情况。穿着得体，尤其是在宗教场所应谨言慎行。学习旅游地的一些基本礼仪和用语，以表示尊重和友好。

无论是跟团旅行还是个人旅行都要保持高度的警觉性，避免单独前往偏僻或陌生的地方。听从导游或当地安全人员的建议和指示，不随意相信陌生人。

2. 防范户外活动风险

户外活动，无论是徒步、露营、划船还是攀岩，确保个人和团体的安全都是至关重要的。进行充分的准备，了解活动的内容、目的地、气候状况以及可能的风险。根据活动的要求，准备和检查装备和工具，确保它们可靠且适合活动要求，选择携带合适的个人防护用品，如防晒霜、帽子、太阳镜、驱蚊液等。在户外活动中随时注意体力状况，根据活动的难度和强度，合理安排活动和休息时间，避免过度疲劳。合理补充营养和水分。爱护自然环境，不破坏生态平衡。

无论是专业还是非专业的户外活动，都需要做到不盲目行动。随身携带急救药品、应急工具和通信设备，了解基本的急救知识，有利于在紧急情况下迅速应对和处理危机，甚至挽救生命，防止形势恶化。

实践与提升

保险知多少

活动目标：

小组成员一起观看视频，并通过阅读书籍、上网查询等拓展相关知识，理解保险与生活安全的关系，了解保险的种类，绘制保险思维导图，明白社会保险的重要性。

活动准备：

扫描二维码，观看视频《保险的基本概念》《我们为什么需要保险》。

活动过程：

1. 准备电脑或者纸、笔，用电脑软件或手工绘制思维导图。
2. 2—3人为一组，一起讨论学习收获。
3. 完成下表。

如果我们离开学校到实践单位开展实习实训，或参加社会实践活动的对抗性运动，或外出旅游、乘坐交通工具等，会选购什么保险，在什么平台购买

保险通过什么方式帮助我们抵御风险

云课堂

扫描二维码，阅读《边熬夜边养生，年轻人都怎么“养生”?》。

任务评价

学生自评/互评表

班级：　　　　　　　　　姓名：　　　　　　　　　学号：

评价项目	评价标准	分值	自评	互评
学习态度	积极学习相关材料，认真完成作业和学习任务	15		
专业知识	了解生活安全的相关内容，掌握日常生活中避免和应对危机事件的知识和技能	20		
研讨精神	积极参加讨论，对其他人的发言能提出合理的分析和见解	15		

续表

评价项目	评价标准	分值	自评	互评
团队协作	能很好地融入小组讨论，与组内成员沟通顺畅，共同推进学习进程	15		
信息素养	会检索生活安全相关文献，且能运用新媒体进行相关练习	15		
情怀素养	热爱生活，关注个人生命安全和他人生命安全，树立尊重生命的意识	20		
合计		100		

教师评价表

班级：　　　　　　　　　　姓名：　　　　　　　　　　学号：

评价项目		评价标准	分值	得分
考勤		无迟到、早退、旷课现象	5	
专业知识	课前思考	认真思考并按时完成课前思考题目，能清晰地用文字表达自己的观点和想法	10	
		答案正确，有合理的理由和充分的证据	10	
		提出新颖独特的见解，展示出创造性思维能力	10	
	案例分析与角色扮演	对案例或角色进行全面、深入的分析，能够识别和理解关键问题	10	
		能清晰、准确、连贯地表达自己的观点和思想，能与其他角色进行有效沟通和配合	10	
		团队合作意识强，善于倾听他人观点、尊重他人意见，有效地完成分配的任务	10	
	绘制保险思维导图	思维导图的结构清晰、有条理，能准确地反映问题的关系。思维导图布局良好、符号统一和线条清晰，便于阅读和理解	10	
		问题的回答包含了关键信息和重要观点，回答具备明确的逻辑性和完整性	10	
		思维导图和问题回答有一定的创新性和拓展性，能提供独特、深入的见解和观点，能展示出多样化的思考方式和综合性思维	5	
综合表现		课堂表现好，积极参与讨论和学习，学习效果好	10	
合计			100	

综合评价	自评（20%）	互评（30%）	教师评价（50%）	综合得分

任务二　宝典在手　就业避雷

任务描述

就业是最大的民生，保障就业与就业安全不仅能给人们带来稳定的经济收入，还能增强个人的自信心和幸福感，同时对促进社会稳定和经济发展也有重要作用。因此，大学生需要不断增长和提升自己的知识和技能，增强自身竞争力。关注就业形势，增强就业安全意识，确保安全就业。

1.结合自己的认知，完成问卷调查。

2.分小组讨论案例《缅甸“高薪”梦碎！揭秘缅北诈骗内幕》，完成工作表单1。

任务准备

1.明确主题、任务与内容。

2.分小组，4—6人为一组，选定小组长或主持人。

任务实施

工作表单1

扫描二维码，完成问卷调查。

工作表单2

扫描二维码，阅读并分析案例，完成下表。

刘某为何选择从事电信诈骗	
刘某的行为违反了我国哪些法律法规	
我们如何认识从事的工作是否存在风险	
我们如何寻求合法和稳定的就业机会	
我们需要增强哪些职业素养	

名言警句

非止排难于变切，亦将防患于未然。

——陆贽《论两河及淮西利害状》

任务分析

党的十八大以来，以习近平同志为核心的党中央把促进就业放在经济社会发展的优先位置，坚持就业优先战略和积极就业政策，推动实现更加充分、更高质量的就业。

一、就业安全的范畴

就业安全涵盖了不同的方面，包括提供安全的工作环境、提高个体的经济保障、增加就业机会、提升个体竞争力等。就业安全在维持个体经济稳定和保障劳动者权益等方面具有重要意义。

（一）就业安全的范围

就业安全又称劳动就业安全，包括求职安全、生产安全以及其他安全。求职安全涉及劳动者在寻找工作时所面临的各种风险和威胁。生产安全是指劳动者刚走上工作岗位和在谋求自身发展过程中，由于缺乏经验等可能遇到的安全问题。其他安全则包括就业过程中和就业后的人身安全、交通安全、饮食安全等。随着时代的发展，就业形势变得更加复杂，劳动就业安全的内容也在不断扩展和深化。

（二）就业安全的重要性

就业，是民生之本、财富之源。就业不仅影响个人生计，更影响整个社会的稳定和可持续发展。党的二十大报告提出"实施就业优先战略"并作出重要部署，促进高质量充分就业。

就业安全与政治安全、经济安全、社会安全等国家安全密不可分，不同工作又可能涉及资源安全、军事安全、文化安全、科技安全、生态安全、网络安全、海外利益安全等影响国家安全的内容，所以宏观的就业安全与国家安全密不可分。

二、求职安全宝典

通过对常见的求职陷阱的了解，求职者可以更好地保护自己的权益，选择适合且可信赖的工作岗位，降低在求职过程中遭遇诈骗的风险等，保护个人及财物安全。

（一）常见的求职陷阱

1. 骗取求职者私人信息

许多求职者会遇到以招聘为名义的诈骗活动，包括假冒的招聘网站、招聘中介机构收集求职者的个人信息，如银行账号、身份号码等，在筛选信息后对求职者本人或者家人、朋友进行电信诈骗。

2. 诱导参与非法职业

一些招聘者可能在招聘过程中模糊描述职位、不明确工作职责或者不兑现职位承诺。通过培训后让求职者从事非法工作，例如网络刷单、销售假冒产品、传销等。求职者应当审慎选择工作机会，不存侥幸心理，认识到骗局后第一时间脱离这样的环境，结束违法活动。

3.虚假招聘骗取报名费、培训费

发布虚假的工作岗位需求，吸引求职者进行申请或支付一定费用。某些招聘者会提出苛刻或不合理的招聘要求，例如要求求职者支付高额的押金，甚至欺骗求职者卷入“美容贷”“求职贷”“培训贷”中。

4.熟人介绍的不靠谱工作

父母托“关系”找“好工作”、朋友“透露”轻松且赚钱多的工作、老乡“介绍”立即就可以上岗的工作，这些不靠谱的工作，轻则耽误求职者的就业时机，重则使其卷入非法活动。

5.劳动合同有陷阱

有些用人单位并不愿意签署书面协议或劳动合同，而是通过口头方式来承诺一些就业条件；有些单位签订不平等的“霸王合同”，涉及不合理的工作时间、薪资、福利待遇等；有些单位使用就业协议代替劳动合同。这些“合同”“协议”不能保障就业者的合法劳动权益。

（二）求职过程中受骗的原因

1.安全防范意识淡薄

一些人对安全问题缺乏足够的重视和警惕，缺乏安全相关知识或者存在自己不会成为受害者的侥幸心理，最终导致上当受骗。

2.经验不足

缺乏社会经验和求职经验，对求职流程和常见的求职骗局了解不足，对不法行为缺乏辨识力，容易被美化包装的虚假信息所迷惑。无法理性分析信息，未对招聘信息来源进行充分验证，从而上当受骗。

3.求职心切

部分大学生求职心切，迫切想要找到工作维持生计。这种迫切想找到工作的心理，容易给不法分子可乘之机。

4.存在天上掉馅饼的思想

部分大学生眼高手低，好高骛远，一方面他们看不上普通的工作，另一方面他们对自己所谓的运气特别自信，总是觉得好运肯定会优先降临到自己的头上。拥有这种思想的人，往往容易上当受骗。

（三）求职安全防范措施

受骗的后果包括经济损失、个人信息泄漏、时间被浪费和求职信心受挫等。因此，在求职过程中，求职者应保持警惕，采取有效措施避免“踩坑”。

1.研究和核实信息

对招聘信息进行谨慎审查和核实，尤其是远程招聘和不寻常的工作机会。务必对公司或组织进行彻底的研究，查看他们的官方网站、社交媒体页面等，以确保求职单位是合法的。谨慎考虑那些没有明确信息或不愿提供详细信息的就业机会。在互联网上搜索公司名称，查看是否有关于他们的负面评价或投诉，这可以帮助判断公司的信誉。在面试前，要详细了解职位描述、工作职责和公司背景，确保与招聘信息一致。当然，如果对招聘信息存有疑问，直接从公司官网查询人力资源部门的电话，联系公司验证招聘信息的真实性，不要因为疑虑错过一次求职机会。

2.通过正规渠道申请职位

选择正规招聘网站或通过公司官方渠道进行求职，避免访问或提交个人信息至不可信的网站，也避免点击可疑链接，避免下载带有恶意软件的文件。通过电子邮件、社交媒体或其他渠道收到不明来源的工作推荐信息，要特别警惕。

3.拒绝交纳入职费用

正规单位一般不会要求求职者支付任何形式的费用，包括报名费、培训费等。如果一个工作机会需要支付一笔费用，那可能是一个陷阱或非法传销。面试前被要求支付费用或提供银行账户信息时要多加警惕。入职后如果公司不统一办理工资卡，就新开一个银行卡用于工资收入，且尽可能不把存款存入此账户。

4.警惕夸大或虚假承诺

如果一家公司在招聘广告中夸大薪酬、福利，或其他保障条件很诱人但似乎又很不合常理，极可能是一个陷阱，要对此提高警惕。

5.切莫急于决策

面试时如果招聘方强调求职者必须立即做出决定，而不给求职者时间考虑和咨询，那可能是一个陷阱。合法的工作机会会给求职者足够的时间来做决定。对一个工作机会拿不定主意时，不妨请教专业人员或老师、家人，寻求帮助。

6.拒绝分享过多个人信息

在求职过程中被要求提供过多的个人信息，尤其是隐私信息，要特别小心。不法分子可能利用这些信息进行诈骗。在求职过程中应学会保护个人信息，如身份号码、银行账号等，不随意透露。

7.警惕合同被“动手脚”

非正规的单位通常会在劳动合同上“动手脚”，求职者要检查合同的每个关键点是否保障了劳动者的合法权益。

三、护航职场安全

职场安全是指保障员工在工作环境中的安全和权益。政策上，国家为我们的就业安全保驾护航，要求用人单位提供安全的工作环境和设备、预防工作事故和职业疾病，以及提供充足的培训和技能提升机会等，保障收入和福利；要求用人单位不能歧视女性，保障弱势群体的就业机会；打击非法用工和劳动力剥削。对个人而言，应关注入职安全、行业安全和工作人际安全。

（一）入职安全

入职安全是指新员工刚加入公司或组织时的安全保障。包括用人单位对员工人身安全的保障和隐私的尊重，提供符合相关安全规范和标准的工作环境，提供必要的培训和指导。

1.深入了解岗位和公司

在刚入职时，了解相关岗位的要求和公司情况，包括公司文化、安全政策、工作环境等，这有助于自己评估工作的安全性和风险。

2.遵守安全规定和程序

遵守和执行公司的安全规定和程序，包括个人防护措施、岗位职责要求等。如果公司没有提供相关培训或信息，可以主动向领导或同事寻求帮助和指导。

3.积极参与培训和教育

参加由公司或相关机构组织的培训和教育活动，提升自己的安全意识和专业技能，这可以帮助自己更好地适应工作，应对工作风险。

4.寻求工会组织的支持

工会是依法维护职工合法权益、服务职工群众的组织。工作中遇到问题时，可以向工作单位的工会组织反映，寻求帮助。

（二）行业安全

行业安全指的是所从事的行业的稳定性和发展前景。某些行业可能面临市场萎缩、人员饱和或其他风险，对就业安全造成影响。

1.研究行业趋势

可以通过研究行业报告、行业组织或专业协会的信息了解所从事行业的发展趋势、市场需求和竞争情况。

2.继续学习和发展技能

行业发展和就业市场需求都在不断变化,继续学习和发展技能可以提高个人的竞争力,并适应行业的变化。可以通过参加培训课程,学习知识技能、获得证书等,提升竞争力。

3.建立人脉网络

与行业内的专业人士和机构建立联系,参加行业相关的会议和活动。这样可以了解行业发展趋势和获取更好工作机会的信息,并建立职业人脉网络。

(三)工作人际安全

工作人际安全是指员工在职场中与同事以及其他相关人员之间保持健康、安全和尊重的人际关系。包括避免或解决工作中的欺凌、性骚扰、歧视、冲突等。这些问题不仅会对员工的身心健康产生负面影响,而且会对团队的合作和工作效率造成严重影响。

1.提高自我保护意识

要在职场中维护自己的权益和尊严,不容忍任何形式的欺凌、性骚扰、歧视等行为。要知道如何维护自身的权益和与他人的平等关系。如果个人权益受到侵害或威胁,要及时采取行动保护自己的安全和权益。

2.建立积极的人际关系

与同事、上级和下属建立积极的人际关系。遵守社会公德,尊重他人的权益和个人隐私,避免干扰和侵犯他人的隐私。

3.提高沟通能力

能够有效地表达自己的观点和需求,同时也能倾听他人的意见。遵守职场礼仪,避免使用侮辱、挑衅或攻击性语言。

4.识别问题并寻求帮助

如果遇到工作人际关系问题,可以与领导或人力资源部门沟通,并依据公司内部政策和程序寻求解决方案。

5.维护团队和谐

作为团队成员,要积极促进团队的和谐。建立良好的工作关系,帮助他人解决问题,共同营造一个安全和谐的工作环境。

实践与提升

职业侦探

在线上或线下搜寻一个假定意向的应聘单位，调查该单位背景和核实招聘信息。

活动目标：

能够通过多种途径核实招聘信息的真实性。

活动准备：

查询公司的相关信息。

活动过程：

1. 分小组，组内分享意向公司和招聘信息的情况。
2. 小组成员评估招聘信息的真实性。
3. 小组总结。
4. 老师点评。

总结汇总表

序号	搜索渠道	公司名称	公司基本信息	信息的真实性
综合评估				

云课堂

扫描二维码，学习《合同范本及签订提示》。

任务评价

学生自评/互评表

班级：　　　　　　　　　　姓名：　　　　　　　　　　学号：

评价项目	评价标准	分值	自评	互评
学习态度	积极学习相关材料，认真完成作业和学习任务	15		
专业知识	了解就业安全的相关内容，掌握就业风险的预防措施	20		
研讨精神	积极参加讨论，对其他人的发言能提出合理的分析和见解	15		
团队协作	能很好地融入小组讨论，与组内成员沟通顺畅，共同推进学习进程	15		
信息素养	会检索有关就业安全的文献，且能运用新媒体进行相关练习	15		
情怀素养	树立正确的劳动观念，培养正确的职业素养，保护自己的劳动权益	20		
合计		100		

教师评价表

班级：　　　　　　　　　　姓名：　　　　　　　　　　学号：

评价项目		评价标准	分值	得分
考勤		无迟到、早退、旷课现象	5	
专业知识	知识掌握	按要求的日期完成了全部的问卷内容，认真思考并回答了所有问题	10	
		掌握常见的就业安全风险和就业陷阱种类、产生的原因	10	
		掌握就业风险防范措施	10	
	缅北诈骗案件分析	能分析案件中主人公进行电信诈骗的原因；能指出主人公为了高薪而从事非法活动，忽视了就业安全与法律道德	10	
		能提供关于就业安全和劳动安全的相关建议，例如选择合法工作、了解工作内容和风险、保护个人权益等	10	
		能提醒劳动者不要为了高薪而从事非法活动，树立正确的劳动意识	10	
	职业侦探	能从网络上查询到安全就业关键信息，并进行全面分析和评估	10	
		观点清晰，并以严密的逻辑和条理进行组织和陈述	10	
		回答能提供充分的细节，并能运用专业知识和判断力进行评估	5	
综合表现		课堂表现好，积极参与讨论和学习，学习效果好	10	
合计			100	

综合评价	自评（20%）	互评（30%）	教师评价（50%）	综合得分

项目七

防护"救"你"行"

知识目标

1. 了解传染病的分类、传播途径。

2. 理解传染病预防的重要性。

3. 掌握肺结核、艾滋病、乙肝的预防和治疗措施。

4. 熟悉气道异物阻塞、烧烫伤和心脏骤停的症状，掌握应对这些紧急情况的方法。

技能目标

1. 具有正确预防肺结核、艾滋病、乙肝的能力。

2. 具有正确识别气道异物阻塞、烧烫伤、心脏骤停症状的能力。

3. 具备进行气道异物阻塞、烧烫伤、心脏骤停应急处理的能力。

素质目标

1. 具有公共安全意识、法治意识、社会责任感。

2. 尊重生命、珍爱生命，有乐于助人、积极奉献的精神。

导　言

人的生命只有一次，拥有健康的生命是我们工作、学习、生活的前提。预防传染病和掌握应急救护知识对当代大学生来说非常重要，通过掌握这些知识，大学生能够更好地保护自己和帮助他人，为维护校园、社会的安全环境做出贡献。

知识图谱

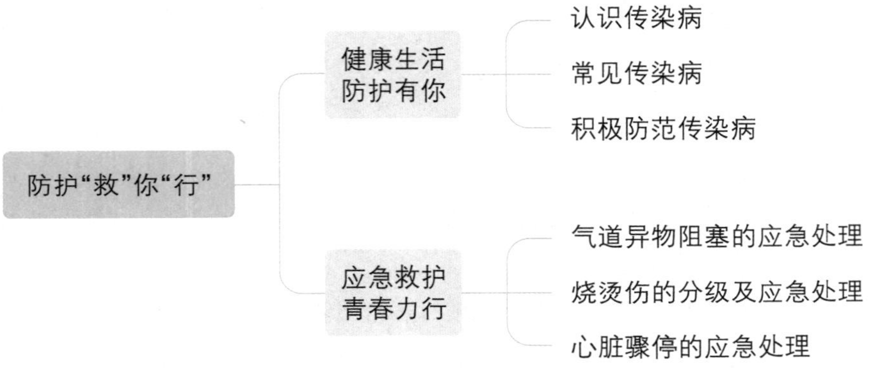

任务一 健康生活 防护有你

任务描述

高校内人员众多，一旦发生传染病，疫情极易蔓延。为有效预防传染病，确保身体健康，大学生需要多关注和了解传染病的预防知识，增强和提高自我健康防护意识和能力。

1. 分小组讨论，完成工作表单1。

2. 阅读资料，完成工作表单2。

任务准备

1. 明确主题、任务与内容。

2. 分小组，4—6人为一组，选定小组长或主持人。

任务实施

工作表单1

针对下表中的不同传染病，讨论并梳理控制传染源、切断传播途径、保护易感人群的方式，完成下表。

传染病	控制传染源的方式	切断传播途径的方式	保护易感人群的方式
肺结核			
艾滋病			
乙肝			

工作表单2

中国疾病预防控制中心发布的数据显示，截至2022年底，我国报告存活艾滋病感染者122.3万例，累计报告死亡病例41.8万例，感染率和死亡率均处全球较低水平。

通过信息搜索，对比全球和我国艾滋病感染者的数量

说说到哪些机构可以检测是否感染艾滋病

谈谈如何防治艾滋病

名言警句

急则治其标，缓则治其本。

——张介宾《类经·标本类》

任务分析

传染病历来是危害人体健康、威胁生命和影响国家经济建设、社会稳定的因素之一。在历史上，有许多传染病曾暴发流行，夺去了许多人的生命。

一、认识传染病

传染病是指由病原生物（如朊粒、病毒、衣原体、立克次体、支原体、细菌、真菌、螺旋体）和寄生虫（如原虫、蠕虫、医学昆虫）感染人体后产生的具有传染性、在一定条件下可以造成流行的疾病。传染病的传播和流行必须具备3个条件，即传染源、传播途径及易感人群，因此预防传染病应采取以切断传播途径为主的综合措施。

（一）传染病的分类

《中华人民共和国传染病防治法》规定的传染病有甲类、乙类和丙类三类。根据主

要传播途径不同，常见的传染病包括呼吸道传染病，消化道传染病，接触传染病，虫媒传染病，血液、体液传染病等。

（二）传染病的主要传播途径

1. 呼吸道传播

病原体存在于空气中的飞沫或气溶胶中，易感者吸入时被感染，如麻疹、白喉、肺结核等。

2. 消化道传播

病原体污染食物、水源或食具，易感者于进食时被感染，如伤寒、霍乱等。

3. 接触传播

病原体从传染源体内排出，污染水、土壤、物品等，易感者直接或间接接触污染物时造成感染，如钩端螺旋体病、血吸虫病和钩虫病等。

4. 虫媒传播

被病原体感染的蚊子、虱子、跳蚤等，在叮咬时把病原体传给易感者，可引起疟疾、流行性斑疹伤寒、地方性斑疹伤寒等。

5. 血液、体液传播

病原体存在于携带者或患者的血液或体液中，通过输血、应用血制品、分娩或性接触等传播，如乙型病毒性肝炎、丙型病毒性肝炎、艾滋病等。

（三）传染病的预防与控制

1. 控制传染源

传染源包括患者、隐性感染者、病原携带者。早期发现传染源才能及时进行控制，早发现、早诊断、早隔离、早治疗，是防止传染病流行的关键。

2. 切断传播途径

对于各种传染病，尤其是消化道传染病、虫媒传染病，切断传播途径通常是起主导作用的预防措施。例如对传染性的分泌物、排泄物、物品等进行必要的消毒处理；在呼吸道传染病多发季节少去公共场所，在人群聚集的地方佩戴口罩；养成良好的生活卫生习惯，勤洗手，不随地吐痰，保持宿舍清洁通风，与家人朋友用餐时使用公筷公勺等，都是切断传播途径的有效方式。

3. 保护易感人群

易感人群是指对传染病没有免疫防护能力的人群，保护易感人群的措施有易感人群改善营养、锻炼身体、接种疫苗等。接种疫苗对传染病的控制和消灭起着关键性作用。

二、常见传染病

（一）肺结核

结核病是严重危害人民群众身体健康的重大传染病，我国是全球30个结核病高负担国家之一。结核病可发生在全身各个部位，但以肺结核最为常见，约占所有结核病的80%，是我国重点防控的呼吸道传染病。

1.肺结核的传播

肺结核常见症状主要有咳嗽、咳痰超两周或痰中带血，全身症状有午后低热、盗汗、胸痛、胸闷、食欲不振、体重减轻等。肺结核主要通过呼吸道传播。肺结核病人咳嗽、打喷嚏或大声说话时，喷出的飞沫中含有大量的结核分枝杆菌。大的飞沫很快落到地面，小的飞沫就长时间悬浮在空气中，健康人吸入这些飞沫后，就有可能被感染。

2.肺结核的预防和正确认识

为有效预防肺结核，平时生活中要注意：养成良好的个人卫生习惯，洗漱用具专人专用，勤洗手、勤换衣、勤晒被褥等；家庭居室、教室、宿舍等地方要经常开窗通风，保持室内空气新鲜；作息要有规律、不熬夜、保证睡眠充足，坚持锻炼身体、多做户外活动，增强身体抵抗力；饮食营养、不挑食，尽量少吃外卖食品，注意荤素搭配；养成不随地吐痰的习惯，咳嗽、打喷嚏时应避让他人、掩住口鼻；一旦出现咳嗽、咳痰、午后低热2周以上，一定要主动戴上口罩，及时就医。

接触肺结核病患者后会不会被感染，取决于很多因素，包括患者的病情严重性、排菌量多少、咳嗽频度、所在环境的通风情况、接触的密切程度和时间、接触者的抵抗力等等。患者咳嗽、咳痰、打喷嚏等症状越严重，传播风险越大。患者与接触者的接触程度越密切、时间越长，越容易传播。接触者的身体抵抗力越差，越容易被感染。

3.肺结核的治疗

如果得了肺结核，要主动向学校报告，千万不可隐瞒病情上课，同时应根据结核病定点医院医生诊断结果办理休（复）学手续和进行规范治疗。一定要按时服药，出现不良反应及时就医，千万不可随意停药，随意停药会导致治疗不彻底，有可能转成更难治的耐药肺结核；一定要用乐观积极的心态面对病情，坚持规范治疗。

对肺结核病的密切接触者而言，应及时去医院做相应的检查，并且观察身体是否出现异常症状。同时，对自己的房间进行消毒处理，并保证房间的有效通风。

（二）艾滋病

艾滋病（AIDS）是一种危害性极大、病死率较高的传染病，由感染人类免疫缺陷病毒（HIV）引起。对艾滋病，目前既不可治愈，又无疫苗可预防。感染艾滋病势必对个人今后的学习、生活、就业造成较大影响，同时也要承受更多的精神和心理压力。

1. 艾滋病的传播

艾滋病病毒通过性接触、血液和母婴三种途径传播。目前，性接触是艾滋病最主要的传播途径。

2. 艾滋病的预防和正确认识

艾滋病传播的主要途径是性接触，因此，预防艾滋病最主要的措施是避免不安全的性行为。对大学生而言，要树立正确的恋爱观，在面对性问题时，要保持冷静和理智，切忌因猎奇、寻求刺激、受他人诱惑或有从众心理而使自己陷入不安全中。

艾滋病主要通过抽血检测，最准确的是检测血液中有没有HIV抗体。艾滋病病毒抗体检测一般要经过两个步骤：首先做初筛试验，如果为阳性，再做确认试验，确认试验阳性才可诊断为艾滋病病毒感染。

艾滋病检测机构有疾控中心、医院等。各地疾控机构的自愿咨询检测门诊会提供免费的咨询和检测服务。全国各地的自愿咨询检测机构和确证检测机构均可以在中国疾病预防控制中心性病艾滋病预防控制中心官网查询。

3. 艾滋病的治疗

由于HIV易变异，对单种药物容易产生抗药性，现在的治疗方案主张多种抗病毒药物联合使用，目前世界上已制定出针对不同人群的治疗方案供不同人群使用。

人类同艾滋病的斗争虽然已有很长时间，但目前，只能达到控制病毒复制、延缓病情进展的治疗水平，无法完全清除感染者体内的HIV病毒。尽早检测知晓感染状况，并规范服用抗病毒治疗药物，可以延长生命，提高生活质量。

（三）乙肝

乙肝，全称乙型病毒性肝炎，是由乙型肝炎病毒（HBV）引起的、以肝脏病变为主并可引起多种器官损害的传染性疾病。常见症状有：感觉肝区不适、隐隐作痛，全身倦怠、乏力，食欲减退、恶心、厌油、腹泻。

1. 乙肝的传播

（1）血液传播：在静脉注射、采血、针灸、手术、血液透析、器官移植、口腔治疗等过程中，使用被HBV污染且未消毒或消毒不彻底的医疗器械可能导致乙肝病毒传播。此外，修足、扎耳孔、刮痧等，如果使用的器具未经严格消毒，也可能传染乙肝病毒。

（2）母婴传播：HBV可由感染乙肝的母亲传播给婴儿，主要传播方式包括宫内传播、分娩期传播和产后传播。

（3）性接触传播：与HBV感染者发生无防护的性接触，感染HBV的危险性增大。

2. 乙肝的预防

（1）接种乙肝疫苗。接种疫苗是预防乙肝最有效的方法。早期接种乙肝疫苗，对预防乙肝病毒的传播至关重要。

（2）提高个人防护意识。到正规医疗机构输血、使用血液制品、进行口腔诊疗等；不与他人共用牙刷、剃须刀等个人用品；避免性传播等。

3. 正确认识乙肝

乙肝病毒不经呼吸道和消化道传播。因此，日常学习、工作或生活接触，如在同一个办公室工作、握手、拥抱、住同一间宿舍无血液暴露的接触，不会传染乙肝病毒。蚊虫叮咬一般不会传染乙肝病毒。同学们应多了解一些乙肝预防的基本知识，做好自我保护，不歧视被感染者。

三、积极防范传染病

“预防为主”是我国卫生健康工作的一贯方针。我国对重大传染病防治坚持“人民至上、生命至上”理念，党和政府十分关注人民的健康。人民健康，国家才有发展和强大的人力资本。健康中国建设、健康生活推行需要每个人、每个家庭以及整个社会的共同参与，我们要牢固树立“每个人都是自己健康的第一责任人”的意识，自觉遵守法律和防疫要求，从小处着手，养成健康的生活习惯，提高个人的防疫意识，筑牢防疫屏障，积极参与传染病防范，共同守护健康安全。

实践与提升

情境演练：防疫有我——养成健康生活习惯

以小组为单位，以“防疫有我——养成健康生活习惯”为题，结合本节所学内容，总结我们应该在生活中养成哪些有利于预防传染病的生活习惯，进行情境演练。

活动目标：

引导学生进行团队合作，提升学生的防护意识和行动力。

活动过程：

1. 选定一个场景，5—6人为一组，以小组为单位进行5分钟的情境演练。
2. 演练后一位小组成员负责本组的总结，一位成员负责点评其他组的展示。

3. 老师点评。

优点：____；

缺点：____；

个人感受：____。

云课堂

扫描二维码，学习《中华人民共和国传染病防治法》的相关规定。

任务评价

学生自评/互评表

班级：　　　　　　　　　　姓名：　　　　　　　　　　学号：

评价项目	评价标准	分值	自评	互评
学习态度	能准时参加课程学习，按时提交作业，及时查阅各类学习材料	15		
专业知识	了解传染病类型和传播途径，掌握常见传染病的预防和治疗方法	20		
研讨精神	积极参加讨论，对其他人的发言能提出合理的分析和见解	15		
团队协作	能很好地融入小组讨论，共同推进学习进程	15		
信息素养	会检索与任务相关的文献，并主动阅读学习	15		
情怀素养	尊重生命，具有公共安全意识、法治意识，有社会责任感	20		
合计		100		

教师评价表

班级：　　　　　　　　　　　　姓名：　　　　　　　　　　　　学号：

评价项目		评价标准		分值	得分
考勤		无迟到、早退、旷课现象		10	
专业知识	常见传染病相关知识梳理	各知识点的梳理清晰、正确		10	
		能有条理地区分传染病预防的相同点和不同点		10	
	艾滋病材料分析	掌握正确的预防知识		10	
		有正确的恋爱观		10	
		知道如何检测和治疗艾滋病		10	
	情境演练	团队配合默契，成员参与度高		10	
		表演有创意，表现力强		20	
综合表现		课堂表现好，积极参与讨论和学习，学习效果好		10	
合计				100	
综合评价		自评(20%)	互评(30%)	教师评价(50%)	综合得分

任务二 应急救护 青春力行

任务描述

当意外伤病事件发生时，除了向“120”等求救外，还需要视情况进行现场紧急救助。比如气道被异物完全阻塞后，4—6分钟是抢救的黄金时间。在日常生活学习中，掌握必要的急救办法是很有必要的。

1. 分析案例《火锅店店员用海姆立克急救法抢救被卡顾客》，完成工作表单1。
2. 根据案例，进行小组合作，完成工作表单2。
3. 进行操作练习，完成工作表单3。

任务准备

1. 分小组，4—6人为一组，选定小组长。
2. 领取本节课所需的操作材料。

任务实施

工作表单1

火锅店店员用海姆立克急救法抢救被卡顾客

2023年3月，有网友在社交平台上发出一段视频，视频显示，成都一火锅店内，一位女客人喉咙被卡住，火锅店店员及时施救，采用海姆立克急救法在10秒时间内挤压该女士腹部13次，最后客人安然无恙。该段视频发出后，收获了超过3440次点赞、超410次网友评论。评论中，有网友感叹海姆立克急救法非常重要。

谈谈阅读该案例后的感想

查阅资料说说哪些人容易发生气道异物阻塞

工作表单2

假定身边有人被异物卡住气道且意识清醒，结合前面的案例，以小组为单位讨论应急处理方案，并练习用海姆立克急救法对其进行施救。

步骤	内容	注意事项	完成时长

工作表单3

以小组为单位，练习手臂Ⅱ度烧烫伤的应急处理。

步骤	内容	注意事项	完成时长

名言警句

君子安而不忘危，存而不忘亡，治而不忘乱，是以身安而国家可保也。

——《易传·系辞下》

任务分析

众所周知，当意外发生时，现场第一目击者及时有效施救对提高抢救成功率至关重要。当前，急救新概念已将实施救治的人员从传统的医务人员拓展到经过培训的公众。急救关乎生命，互救重于急救，自救才是根本。

一、气道异物阻塞的应急处理

气道异物阻塞是指气管或支气管内进入异物，导致呼吸道不通畅，引起呼吸困难或窒息的症状。

（一）容易发生气道异物阻塞的人群

（1）婴幼儿：婴幼儿的吞咽功能发育不完善，牙齿未长齐，在进食过程中有时会啼哭、玩耍，或者有些婴幼儿喜欢抓起各种物品往嘴里塞，这些都是导致婴幼儿容易发生气道异物阻塞的原因。

（2）老年人：患有脑血管疾病的老年人，以及牙齿脱落的老年人，都是容易发生气道异物阻塞的高危人群。

（3）饮食习惯不好的成年人：成年人虽然具有自我保护的能力，但如果饮食习惯不好，如进食过快、进食时说笑、醉酒呕吐等，同样容易发生气道异物阻塞。

（二）如何识别气道异物阻塞

患者表现出剧烈咳嗽，咳嗽停止时有喘息声，可自行表示有异物阻塞气道，为气道部分阻塞。患者已无法正常说话、咳嗽，呈现痛苦表情，并以"V"形手势掐住颈部，面色不好，则通常为气道完全阻塞。一般来说，气道完全阻塞到窒息仅持续约6分钟，心跳就可能停止。

（三）如何处理气道异物阻塞——海姆立克急救法

海姆立克急救法，又称作"海氏急救法"，是美国医师亨利·海姆立克于1974年发明的一种急救方法。他应用该法成功抢救了一名因食物阻塞了呼吸道而发生窒息的患者，从此该法在全世界被广泛应用，拯救了无数人的生命，该法也被人们称为"生命的拥抱"。具体方法为：

1.站立位的上腹部冲击法

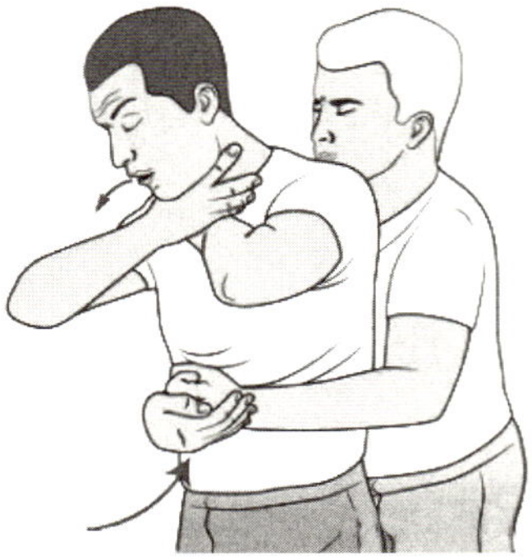

第一步:施救者站到患者背后,以前腿弓,后腿蹬的姿势,用两手臂环绕患者腰部。第二步:施救者一手握拳,拳眼顶住患者腹部正中线(肚脐上方两横指)处,另一手掌紧握拳手,两手连续、快速用力向患者腹部后上方冲击式挤压。第三步:重复以上动作,直至异物排出。适用于意识清醒的人,不适宜孕妇、肥胖者、1岁以下的婴儿。

2.卧位的上腹部冲击法

第一步:将患者摆放成平卧位,救护者两腿分开跪在患者大腿外侧的地面上。第二步:将一手掌根置于患者肚脐与剑突之间部位,另一只手掌重叠于第一只手上,连续、快速地向前上方压迫患者的腹部。第三步:每冲击5次后,检查一次患者口腔是否有异物。如果发现异物,立即将其取出。适用于意识丧失的人,不适宜孕妇、肥胖者、1岁以下的婴儿。

3.站立位的胸部冲击法

第一步,患者取站立位,头部向前倾。施救者站到患者背后,以前腿弓,后腿蹬的姿势,用两臂环抱患者胸部。第二步,施救者一手握拳,拳眼置于患者胸骨下半部分,另一只手包住拳头,连续、快速地用力向患者胸部的后方冲击。第三步,重复以上动作,直至气道内的异物排出。适用于意识清醒的孕妇、肥胖者。

4.单人自救

若呼吸道异物阻塞发生于自己身上,身旁无人,也可以自己实施腹部冲击。此时可利用周围的坚硬、凸出的物体(如椅背、桌边等)自救,身体贴近这些物体后冲击腹部,向腹部施压直到把异物排出。若无法借助外在物品,也可一手握拳,一手抱拳,向内上方压迫自己的腹部,反复、有力地进行,直至异物排出。

（四）处理气道异物阻塞的误区

误区一：认为拍背能把异物拍出来。错误的做法是不弯腰拍背，这样有可能使异物更加深入气道，加重窒息，给患者造成生命危险。

误区二：认为用手可以抠出异物。用手抠容易导致喉头痉挛，气道也会越来越堵，从而加剧患者的呼吸困难。

二、烧烫伤的分级与应急处理

沸水、烫粥、热油造成的烧烫伤在我们日常生活中屡见不鲜，但处理不及时会导致久久不愈或留下严重的瘢痕，更严重的会对被害者造成心理伤害。

（一）烧烫伤的分级

烧烫伤根据严重程度可以分为三度四级，即Ⅰ度、浅Ⅱ度、深Ⅱ度，严重者可达到Ⅲ度。[①]

（1）Ⅰ度烧烫伤：烧伤局限于表皮角质层，皮肤发红、不起水疱，表面干燥，2—3天后，烫伤皮肤脱屑，3—5天可痊愈。

（2）浅Ⅱ度烧烫伤：烧伤达到皮肤真皮浅层，创面红肿、起水疱、疼痛剧烈，水疱液体晶莹透亮，一般2周左右愈合。

（3）深Ⅱ度烧烫伤：烧伤达到真皮深层，基底红白相间、痛觉迟钝，需3周左右愈合，但留下疤痕的概率明显增加。

（4）Ⅲ度烧烫伤：烧伤达到皮肤全层，甚至伤及皮下组织，肌肉和骨骼痛觉消失，无弹力、干燥。Ⅲ度灼伤区域一般反而没有痛觉，因为皮肤的神经末梢也被破坏了。

（二）如何处理烧烫伤

（1）冲。清除导致烧烫伤的物品后，把受伤部位置于水龙头下，用冷水冲洗创面20分钟左右，水流不宜太急。流动的冷水可迅速带走局部热量，减少进一步热损伤。

（2）脱。脱去伤口上的衣物。如果衣服和皮肤粘在一起，切勿撕拉，用剪刀剪去未粘皮肤的衣物，需要注意的是剪刀尖尽量向上，避免其伤到皮肤，或弄破水疱。粘着皮肤的衣物，待到医院处理。

（3）泡。对于疼痛明显者，可继续用冷水持续浸泡烫伤的部位20—30分钟，可以缓解疼痛、散发热量，缩小红肿范围。如果烫伤的面积较大，需注意其他部位保温，防止身体热量丧失过多过快。

---

① 杨博华，周蔓仪．烧烫伤的中医药治疗[N]．中国中医药报，2015-08-21(5)．

(4)盖。对局部出现的水疱应加以保护,可用干净的纱布、床单、毛巾覆盖,保持伤口清洁,降低感染的概率,不应挑破水疱。

(5)送。除极小的烧烫伤外,烧伤的面积比较大或严重的,应尽快去附近医院接受进一步的治疗。

(三)处理烧烫伤的误区

误区一:认为烧烫伤只是皮肤损伤。局部烧烫伤不仅会损伤皮肤也会引起全身的不良反应,成人烧烫伤面积超过20%、小儿烧烫伤面积在10%以上,就有引起休克的可能。烧烫伤后心、肺、肾、胃、肠等器官都有不同程度的损伤,这种现象叫全身炎症反应综合征。

误区二:认为烧烫伤后不能用冷水冲。有些人错误地认为烧烫伤后不能用冷水冲,否则会起水疱。其实受伤后起不起水疱,与受伤的原因和深度有关,而与伤后是否接触冷水无关。烧烫伤后应立即用冷水冲洗,可使创面血管收缩,组织液渗出少,可以减少水疱形成,但应该注意的是要用干净、流动的水冲洗。

误区三:受伤使用紫药水、红药水及其他药物。红药水、紫药水虽有一定的抗感染能力,但自行涂抹后易遮盖创面,使医生不能明确了解烧烫伤的严重程度,影响治疗方案的制订。非专业人员紧急处理烧烫伤时,最好不要随便用药,以免弄巧成拙。

三、心脏骤停的应急处理

心肺复苏术是抢救心脏骤停者最有效的急救方法,通过胸外按压和人工呼吸等一系列操作来恢复患者的自主呼吸和自主循环。心脏骤停超过4分钟,脑组织会发生永久性损害,超过10分钟患者的基本生理功能会丧失,处于脑死亡状态。把握好黄金“4分钟”进行有效急救,就有可能降低死亡风险。因此,早期高质量实施心肺复苏救治措施对挽救生命至关重要。

(一)心脏骤停的常见原因

心脏骤停是指心脏泵血功能的突然终止,大动脉搏动与心音消失,重要器官(如脑)严重缺血、缺氧,导致生命终止。这种出乎意料的突然死亡,医学上又称猝死。心脏骤停的原因有很多:

(1)冠心病:其中急性心肌梗死是冠心病中严重的一种类型。

(2)其他心脏病:如心肌炎、心脏瓣膜病、主动脉夹层动脉瘤等。

(3)各类急症:如重症哮喘、大咯血、张力性气胸、肺梗死、脑出血、休克等。

(4)急性中毒、过敏:如亚硝酸钠中毒、有机磷农药中毒、青霉素过敏等。

(5)意外事故:如触电、溺水、窒息、严重外伤等。

（二）心脏骤停的表现

心脏骤停的表现有：突然跌倒在地，意识丧失；出现喘息样呼吸，继而呼吸停止；颈动脉搏动消失；双侧瞳孔散大，对光反射消失；四肢抽搐；小便失禁；等等。

（三）处理心脏骤停的方法——心肺复苏术

（1）确认环境安全：当发现患者时首先要观察周围情况，确保患者与自身都处于安全环境，以免自己也受到伤害。

（2）判断意识：轻拍患者双肩大声呼叫，如“喂你怎么啦！”若患者有意识，则进一步询问、检查，做相应处理。若无意识，则立即呼救，拨打120请求急救。

（3）检查呼吸和脉搏：耳朵贴近鼻孔感觉气流，眼睛观看胸部，检查是否起伏，同时判断有无颈动脉搏动。若有呼吸和脉搏则将患者身体置于侧卧，注意保暖，等待120到达。没有呼吸和脉搏则情况紧急，立即开始心肺复苏。

（4）进行心肺复苏。

①摆正位置：摆正患者位置，使其仰卧于坚实的平面上，救护员双腿跪于患者一侧。

②胸外按压：双手按压位置为两乳头连线中点胸骨中下1/3交界处；姿势为上半身前倾，双臂伸直，掌根按住胸骨，正中垂直向下用力；速度为100—120次/分钟，有节奏地进行按压，将近一秒两次；力度（以成年人为例）为往下按压5—6厘米（胸部前后径的1/3），并让胸廓充分回弹，掌心贴紧，不要离开或移动。

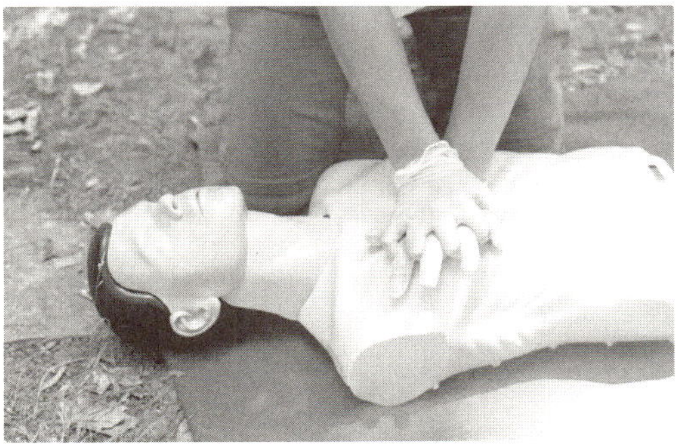

（5）开放气道：将患者头部轻缓地偏向一侧，清除其口中异物（呕吐物、假牙等），用仰头提颏法打开气道。

（6）人工呼吸：吸一口气，用双唇包严患者口唇，将气吹入。给予人工呼吸两次后立刻进行心脏按压。注意人工呼吸过程中，要用拇指和食指捏紧伤者的鼻翼，防止气从鼻子流出来。建议使用人工呼吸膜隔离，防止交叉感染。按压、吸气比例为30∶2，反复进行5次。

实践与提升

绘制心肺复苏流程图

活动目标：

以小组为单位，梳理心肺复苏流程。

活动准备：

笔、纸。

活动过程：

1.6人为一组，一人绘制流程图后进行描述，一人评价，其余人倾听。
2.角色互换，轮流进行活动，各小组评选出组内最优流程图进行展示。
3.老师点评。

心肺复苏流程图：

流程图优点：____。

流程图缺点：____。

云课堂

扫描二维码，阅读《外卖小哥突发疾病，民警果断实施心肺复苏化险为夷》。

任务评价

学生自评/互评表

班级：　　　　　　　　　　　　　　姓名：　　　　　　　　　　　　　　学号：

评价项目	评价标准	分值	自评	互评
学习态度	积极学习相关材料，认真完成作业和学习任务	15		
专业知识	熟知烧烫伤、气道异物阻塞、心脏骤停的症状，掌握烧烫伤、气道异物阻塞、心脏骤停应急处理流程	15		
研讨精神	积极参加讨论，对其他人的发言能提出合理的分析和见解	13		
团队协作	能很好地融入小组讨论，共同推进学习进程	13		
沟通交流	能清晰准确地表达自己的观点，与他人交流时态度语气恰当	14		
信息素养	会检索急救的相关文献，并主动阅读学习	15		
情怀素养	尊重生命、珍爱生命，有乐于助人、积极奉献的精神	15		
合计		100		

教师评价表

班级：　　　　　　　　　　姓名：　　　　　　　　　　学号：

<table>
<tr><th colspan="2">评价项目</th><th colspan="4">评价标准</th><th>分值</th><th>得分</th></tr>
<tr><td colspan="2">考勤</td><td colspan="4">无迟到、早退、旷课现象</td><td>5</td><td></td></tr>
<tr><td rowspan="9">专业知识</td><td rowspan="3">练习气道异物阻塞的应急处理</td><td colspan="4">正确口述气道异物阻塞的情况及救治注意事项</td><td>10</td><td></td></tr>
<tr><td colspan="4">操作规范，动作熟练</td><td>10</td><td></td></tr>
<tr><td colspan="4">海姆立克急救法流程正确，患者得到及时救治</td><td>10</td><td></td></tr>
<tr><td rowspan="3">练习烧烫伤的应急处理</td><td colspan="4">正确口述烧烫伤情况及救治注意事项</td><td>5</td><td></td></tr>
<tr><td colspan="4">操作规范，动作熟练</td><td>10</td><td></td></tr>
<tr><td colspan="4">流程正确，创面得到正确处理</td><td>10</td><td></td></tr>
<tr><td rowspan="3">绘制心肺复苏流程图</td><td colspan="4">流程图步骤正确</td><td>10</td><td></td></tr>
<tr><td colspan="4">流程图步骤详尽，各个环节条理清晰</td><td>10</td><td></td></tr>
<tr><td colspan="4">流程图绘制美观有创意</td><td>5</td><td></td></tr>
<tr><td colspan="2">综合表现</td><td colspan="4">课堂表现好，积极参与讨论和学习，学习效果好</td><td>15</td><td></td></tr>
<tr><td colspan="6">合计</td><td>100</td><td></td></tr>
<tr><td colspan="2" rowspan="2">综合评价</td><td>自评（20%）</td><td>互评（30%）</td><td colspan="2">教师评价（50%）</td><td colspan="2">综合得分</td></tr>
<tr><td></td><td></td><td colspan="2"></td><td colspan="2"></td></tr>
</table>

下篇

国家安全

项目八

国泰民才“安”

知识目标

1.熟悉党的二十大报告中关于总体国家安全观的论述和《中华人民共和国国家安全法》的内容。

2.掌握总体国家安全观的基本内涵、政治安全的重要性，牢固树立总体国家安全观。

3.知道维护国家安全的途径与方法。

技能目标

1.能够切实履行维护国家安全的义务。

2.能辨识损害国家政治安全的行为。

素质目标

1.具备忧患意识，自觉践行总体国家安全观。

2.有民族自豪感，把爱国之心转化为报国之行，关注和维护国家安全，促进国家的繁荣富强。

导　言

生于忧患，死于安乐。中华民族千百年来形成的这种忧患意识，是对国家兴衰存亡内在规律的重要思考，是历史昭示的生存发展智慧。中国共产党诞生于国家内忧外患、民族危难之时，对国家安全的重要性有着刻骨铭心的认识，始终高度重视国家安全。在新时代新征程上，我们要贯彻总体国家安全观，坚定不移走中国特色国家安全道路。

知识图谱

- 国泰民才“安”
  - 国家安全人人有责
    - 国家安全的重要性
    - 总体国家安全观的基本内涵
    - 学习总体国家安全观的意义
  - 爱国爱党政稳民安
    - 政治安全的重要性
    - 政治安全的主要内容
    - 政治安全面临的威胁与挑战
    - 维护政治安全的途径与方法

任务一 国家安全 人人有责

任务描述

国家安全与每个人息息相关，它不仅关乎国家的兴亡，还关乎每个公民的切身利益。任何个人和组织不得有危害国家安全的行为，不得向危害国家安全的个人或者组织提供任何资助或者协助。

1. 分小组讨论，完成工作表单1。

2. 分析案例《好样的！莆田学院一青年学生获全网点赞!》，完成工作表单2。

任务准备

1. 熟悉党的二十大报告内容。

2. 分小组，4—6人为一组，选定小组长或主持人，梳理党的二十大报告中关于国家安全的内容。

任务实施

工作表单1

学习党的二十大报告全文，梳理文中出现“安全”和“国家安全”的次数，以及关于总体国家安全观的论述，把次数和论述摘抄在下表中。

工作表单2

好样的！莆田学院一青年学生获全网点赞！

福建省莆田学院一名学生在学校上网时，发现危害国家安全的可疑情况，便立即拨打12339国家安全机关举报受理电话。莆田市国家安全局随即进行侦查，成功制止、严惩了这一危害国家安全事件。人民日报、中国青年报、人民网、中国新闻周刊、环球网、中青在线等媒体点赞莆田学院学生的这一行为。

以小组为单位，分析案例、查阅资料完成下表。

什么是总体国家安全观	
大学生为什么要学习国家安全相关知识	
结合案例分析大学生应该如何维护国家安全	

习语金句

要准确把握国家安全形势变化新特点新趋势，坚持总体国家安全观，走出一条中国特色国家安全道路。

——2014年4月15日，习近平在中央国家安全委员会第一次会议上的讲话

任务分析

2014年4月15日，习近平总书记在中央国家安全委员会第一次会议上首次提出“总体国家安全观”重大战略思想。面对复杂多变的国际环境，以及国家安全形势发展新特点，习近平总书记提出总体国家安全观，为做好新时代国家安全工作提供了根本遵循和行动指南。

2015年7月1日，第十二届全国人民代表大会常务委员会第十五次会议通过《中华人民共和国国家安全法》，规定每年4月15日为全民国家安全教育日。

2022年10月,党的二十大胜利召开,习近平总书记在会上作了《高举中国特色社会主义伟大旗帜 为全面建设社会主义现代化国家而团结奋斗》的报告,报告中29次提到"国家安全",并且在"十一、推进国家安全体系和能力现代化,坚决维护国家安全和社会稳定"部分集中论述国家安全,彰显了国家安全在党和国家工作全局中的重要地位。

一、国家安全的重要性

党的二十大报告指出:"国家安全是民族复兴的根基,社会稳定是国家强盛的前提。必须坚定不移贯彻总体国家安全观,把维护国家安全贯穿党和国家工作各方面全过程,确保国家安全和社会稳定。"

(一)保证国家安全是头等大事

2016年,习近平总书记在首个全民国家安全教育日之际作出重要指示,强调"实现中华民族伟大复兴的中国梦,保证人民安居乐业,国家安全是头等大事"。当前,国家安全的内涵和外延比历史上任何时候都要丰富,内外因素比历史上任何时候都要复杂。国际形势风云变化,国内经济、社会发生深刻变革。国家的任何一个领域出现安全隐患,都会影响国家利益,也会损害人民群众切身利益。国家安全关乎国家的发展稳定和社会的长治久安,也关乎每个公民的切身利益。

(二)维护国家安全意义重大

习近平总书记指出:"国家安全是安邦定国的重要基石,维护国家安全是全国各族人民根本利益所在。"国家安全是国家生存和发展最基本、最重要的前提,保证国家安全是治国理政的基本目标。当前,世界百年未有之大变局加速演进,我国的国家安全受到严峻挑战,我们必须充分认识维护国家安全的重要性。改革开放以来,我们党和国家始终把维护国家安全和社会安定作为一项重要工作,保持了我国社会大局稳定,为改革开放和社会主义现代化建设营造了良好环境。如今,我们必须清醒地认识到,新形势下我国面临对外维护国家主权、安全、发展利益,对内维护政治安全和社会稳定的双重压力,国家安全在党和国家工作全局中的重要性日益凸显,各种可预见和难以预见的风险因素明显增多。

维护国家安全是实现中华民族伟大复兴中国梦的重要保障。全体公民应切实履行维护国家安全的法律义务,依法同各种危害国家安全的行为作斗争,共同承担起维护国家安全和社会稳定的政治责任。作为大学生,我们应不断增强国家安全和利益至上的观念,自觉维护国家安全和利益。

二、总体国家安全观的基本内涵

总体国家安全观既见于习近平总书记关于国家安全的一系列重要论述中，也体现在党的十八大以来国家安全的具体实践中，涉及新形势下改革发展稳定、治党治国治军、内政外交国防等各领域。为有效维护国家安全，我们必须深刻领会和把握国家安全的概念和总体国家安全观的内涵。

（一）国家安全的概念

《中华人民共和国国家安全法》第二条规定："国家安全是指国家政权、主权、统一和领土完整、人民福祉、经济社会可持续发展和国家其他重大利益相对处于没有危险和不受内外威胁的状态，以及保障持续安全状态的能力。"我们可以理解国家安全包括外部安全和内部安全两个方面的内容。一方面，国家安全是指国家没有来自外部的威胁与侵害的状态。另一方面，国家安全指国家没有内部的混乱与疾患的状态。所以，只有在同时没有内外两方面的不安全情况时，国家才是一种安全的状态。

（二）总体国家安全观的内涵

总体国家安全观所涵盖的领域，包括政治安全、国土安全、军事安全、经济安全、文化安全、社会安全、科技安全、网络安全、生态安全、资源安全、核安全、海外利益安全以及太空、深海、极地、生物等不断拓展的新型领域安全。总体国家安全观的哲学意蕴，强调的是国家安全的全面性、系统性，总体强调"大安全"。总体国家安全观对国家安全内涵和外延的概括，可以归结为五大要素和五对关系。

总体国家安全观的五大要素，是指以人民安全为宗旨，以政治安全为根本，以经济安全为基础，以军事、文化、社会安全为保障，以促进国际安全为依托，维护各领域国家安全，构建国家安全体系，走中国特色国家安全道路。以人民安全为宗旨，就是始终把人民安全放在最高位，坚持以人为本、人民至上，夯实国家安全的群众基础。以政治安全为根本，就是坚持党的领导和中国特色社会主义制度不动摇，把政权安全、制度安全放在第一位，为国家安全提供政治保证。以经济安全为基础，就是促进经济持续健康稳定发展，提高国家经济实力，为国家安全提供坚实的物质支撑。以军事、文化、社会安全为保障，就是遵循不同领域的安全规律，为维护国家安全提供硬实力和软实力保障。以促进国际安全为依托，就是坚定不移走和平发展道路，始终不渝倡导合作共赢理念，构建人类命运共同体。这五个方面共同撑起了国家安全体系的整体架构，决定了中国特色国家安全道路的基本方向。

总体国家安全观的五对关系就是既重视外部安全，又重视内部安全，强调外部安全与内部安全的相互联系、相互影响；既重视国土安全，又重视国民安全，强调国土安全与国民安全的有机统一；既重视传统安全，又重视非传统安全，强调传统安全威胁与非传统安全威胁相互影响，并在一定条件下可能相互转化；既重视发展问题，又重视安全问题，强调发展和安全是一体两面，发展是安全的基础，安全是发展的条件；既重视自身安全，又重视共同安全，强调我国在维护自身国家安全的同时，积极维护世界和平。总体国家安全观的五对关系准确反映出总体国家安全观是一种辩证、全面、系统的国家安全理念。

三、学习总体国家安全观的意义

国家安全是人民安居乐业和国家兴旺发达的重要前提。当前，我国正处在为实现中华民族伟大复兴中国梦而努力奋斗的关键时期，我们应该高度重视国家安全。大学生作为国家建设的接班者，是国家繁荣发展的希望，是实现第二个百年奋斗目标的中坚力量，应积极维护国家安全。

（一）有助于提升大学生维护国家安全的责任意识

对大学生进行总体国家安全观教育，有助于引导大学生树立正确的国家观、历史观、民族观、文化观、宗教观，全面了解总体国家安全观的内容，意识到“国家兴亡，匹夫有责”，增强民族自豪感，把爱国之心转变成报国之行，自觉维护国家安全，坚决捍卫国家主权。

（二）有助于增强大学生维护国家安全的法律意识

学习总体国家安全观能够使大学生认识到国家安全的重要性，激励大学生勇于维护国家安全。维护国家安全，人人有责。践行总体国家安全观是新时代大学生的责任和义务。通过学习《中华人民共和国国家安全法》《中华人民共和国保守国家秘密法》等法律，大学生可明确作为我国公民应依法履行维护国家安全的各项义务，增强维护国家安全的法律意识。

实践与提升

全民国家安全教育日手抄报制作

以“全民国家安全教育日”和“12339 国家安全机关举报受理电话”为主题，进行手抄报创意设计。

活动目标：

提高大学生的国家安全意识，增强全民国家安全教育日宣传效果，形成维护国家安全的浓厚社会氛围。

活动准备及要求：

1. 学习总体国家安全观，围绕主题设计制作手抄报。
2. 手抄报设计可重点突出以下几个方面：

一是12339国家安全机关举报受理电话；二是“4·15”全民国家安全教育日；三是维护国家安全，共筑钢铁长城；四是国家安全，人人有责；五是维护国家安全和利益，从我做起。

活动过程：

1. 提交的作品为纸质手抄报。
2. 分小组（4—6人为一组），选定组长。
3. 组员各自完成作品后，向小组其他成员展示、说明。
4. 学生自评、互评，老师点评。

优点：______________________________；

缺点：______________________________；

评语：______________________________。

云课堂

扫描二维码，学习《中华人民共和国国家安全法》。

任务评价

学生自评/互评表

班级：　　　　　　　　　　　　姓名：　　　　　　　　　　　　学号：

评价项目	评价标准	分值	自评	互评
学习态度	能准时参加学习，按时提交作业，及时查阅教师上传的学习材料	15		
专业知识	了解总体国家安全观，掌握维护国家安全的途径和方法	20		
研讨精神	积极参加讨论，对其他人的发言能提出合理的分析和见解	15		
团队协作	能很好地融入小组讨论，与组内成员沟通顺畅，共同推进学习进程	15		
信息素养	会检索相关文献，学习主动性强，且能运用新媒体进行相关练习	15		
情怀素养	具备忧患意识，有民族自豪感，把爱国之心转变成报国之行，自觉践行总体国家安全观	20		
合计		100		

教师评价表

班级：　　　　　　　　　　　　姓名：　　　　　　　　　　　　学号：

评价项目		评价标准	分值	得分
考勤		无迟到、早退、旷课现象	5	
专业知识	收集、梳理总体国家安全观的论述	能很好地理解习近平总书记关于总体国家安全观的论述	10	
		知识点梳理正确	15	
	分析莆田学院学生获全网点赞案例	掌握总体国家安全观的内涵	10	
		能理解学习国家安全相关知识的意义	10	
		掌握大学生维护国家安全的途径和方法	10	
	手抄报制作	紧扣主题、构思巧妙	10	
		书写工整、绘制精美、色彩搭配协调	10	
		手抄报立意较高	10	
综合表现		课堂表现好，积极参与讨论和学习，学习效果好	10	
合计			100	

综合评价	自评（20%）	互评（30%）	教师评价（50%）	综合得分

任务二　爱国爱党　政稳民安

任务描述

政治安全是国家安全的根本，事关党和国家的生死存亡，事关中国特色社会主义发展全局。政治安全影响着军事安全、经济安全、社会安全、文化安全等各个领域的安全。

1. 分小组讨论，完成工作表单1。

2. 分析案例《美国处心积虑搞港版“颜色革命”，险恶用心昭然天下》，完成工作表单2。

任务准备

1. 明确主题、任务与内容。

2. 分小组，4—6人为一组，选定小组长或主持人。

任务实施

工作表单1

收集2—3个我国公民维护政治安全的案例，与组员讨论案例中的人物是如何维护政治安全的。

案例简介	维护政治安全的方式

工作表单2

扫描二维码分析案例，完成下表。

面对西方的“颜色革命”，我们应该怎么做	
结合案例谈谈我们应该如何维护政治安全	

习语金句

我们要坚持以人民安全为宗旨、以政治安全为根本、以经济安全为基础、以军事科技文化社会安全为保障、以促进国际安全为依托，统筹外部安全和内部安全、国土安全和国民安全、传统安全和非传统安全、自身安全和共同安全，统筹维护和塑造国家安全，夯实国家安全和社会稳定基层基础，完善参与全球安全治理机制，建设更高水平的平安中国，以新安全格局保障新发展格局。

——2022年10月16日，习近平在中国共产党第二十次全国代表大会上的报告

任务分析

历史的教训告诉我们，政治安全不牢固则会导致政权崩塌。国家安全的重中之重是政治安全、制度安全和道路安全，政治安全是国家安全的根本，是国家生存和发展的基础条件。

一、政治安全的重要性

我们国家是中国共产党领导的社会主义国家，只有坚持中国共产党的领导、坚定不移地维护政治安全，才能更好地保障国家利益，实现党长期执政、国家长治久安和人民安居乐业。

（一）政治安全是维护国家利益的根本保证

政治安全是国家安全的根本，维护政治安全对于保障人民安全、维护国家利益，不断提高人民群众的获得感、幸福感和安全感，实现国家长治久安，具有根本性、全局性的重大意义。①一个国家对外不能独立自主，内部政治动荡，就不可能实现长远发展。没有政治安全，就没有国家安全，更没有人民安全。

（二）政治安全是人民安居乐业的根本保障

政治稳定是人民安居乐业的根本保障，如果缺乏这块基石，人民的美好生活就如同空中楼阁。历经沧桑，我们从积贫积弱、一穷二白，到成为世界第二大经济体，进入中等收入国家之列，人民的生活发生了翻天覆地的变化。实现这些伟大转变最关键的因素是确立了中国共产党的核心领导地位，政治安全保障了人民的生命安全，保障了人民的政治权益，促进了社会的稳定和经济的发展，保障了人民安居乐业。

二、政治安全的主要内容

政治安全，是指国家的主权、政权、领土、政治制度、政治秩序以及意识形态等免受威胁、侵犯、破坏的客观状态。通常我们从国家主权独立、政权稳定、领土完整、执政党地位巩固、政治秩序良好、主流意识形态彰显等方面来衡量一个国家的政治体系是否处于安全状态。

（一）主权独立和领土完整是政治安全的前提

主权独立是国家政治安全的第一标志，是民族尊严的体现；领土完整是国家生存发展的基础。维护政治安全最基本的就是维护国家主权独立与领土完整。维护中华人民共和国主权和领土不受侵犯、国家不被分裂是大学生应尽的责任和义务。

（二）政权安全和制度安全是政治安全的核心

政权是指掌握国家主权的政治组织及其所掌握的政治权力，以维护对社会的统治和管理。中华民族之所以能够实现从站起来、富起来到强起来的伟大飞跃，核心就是

① 王灵桂.政治安全是中国特色国家安全道路的根本特征[J].国家安全研究，2022(1).

在中国共产党的领导下，坚决维护和保持了国家政权安全。政治制度是国家权力的性质、国家机构的组织方式、政治权力的分配和运作等方面的规范法度。坚持中国共产党在中华人民共和国的领导地位是中国社会发展的历史选择和人民的选择，中国的历史发展和现实国情决定了必须坚持中国共产党的领导，坚持社会主义制度，这是维护国家政治安全的核心。①

（三）国家政治秩序和意识形态是实现政治安全的基础

政治秩序是保证国家政权运行和政治活动开展的基础，维护国家政治秩序就是确保国家政权正常运行、政治制度不受干扰破坏。维护我国政治秩序稳定就必须始终坚持中国共产党的领导地位，始终坚持马克思主义在意识形态领域的指导地位，坚持社会主义道路。习近平总书记指出：“一个政权的瓦解往往是从思想领域开始的，政治动荡、政权更迭可能在一夜之间发生，但思想演化是个长期过程。思想防线被攻破了，其他防线就很难守住。我们必须把意识形态工作的领导权、管理权、话语权牢牢掌握在手中。”②

三、政治安全面临的威胁与挑战

当前，我国政治安全面临来自国内外的一系列风险和挑战。社会主义和资本主义两种意识形态、两种制度的较量始终未曾停歇，各种敌对势力也从来没有停止对我国诸多领域的渗透和破坏，企图威胁和颠覆我国的政治安全。我国面临对外维护国家主权、安全、发展利益，对内维护政治安全和社会稳定的双重压力。

（一）西方国家分化、西化势力的威胁

由于在意识形态、政治制度、全球战略利益等方面的巨大差异和分歧，遏制和打压中国是西方国家既定的对华战略和政策，其热衷于通过意识形态渗透，实现其“西化”“分化”中国的图谋。美国千方百计地谋求从我国内部搞破坏，包括策动“颜色革命”、制造社会动乱。新时代背景下，西方国家“两化”的方式、手段更加隐蔽。

（二）分裂势力及其活动的威胁

国家统一和领土完整是政治安全的核心。“台独”“港独”“藏独”“疆独”等分裂势力近年来在西方国家的鼓动下，进行分裂祖国的活动，给国家建设与发展造成了极大危害，抵制分裂势力，维护国家安全仍然任重道远。

---

① 袁忠民.忠实履行维护国家政治安全的首要职责[N].人民公安报，2019-03-24(3).

② 中共中央文献研究室.习近平关于社会主义文化建设论述摘编[M].北京：中央文献出版社，2017:21.

四、维护政治安全的途径与方法

习近平总书记强调："要把维护国家政治安全特别是政权安全、制度安全放在第一位，提高对各种矛盾问题预测预警预防能力。"[①]我们要牢记习近平总书记关于政治安全的重要指示，坚决维护国家主权安全、政权安全、制度安全、意识形态安全等。

（一）筑牢理想信念，强化政治安全观

大学生作为祖国建设事业的接班人，要增进政治安全的理论认知，主动了解国情，对我国政治安全形势有全面、正确的认识，义无反顾地站在党、国家和人民的立场上，不断增进对中国共产党领导和中国特色社会主义的政治认同、思想认同、理论认同、情感认同，强化政治安全观。

（二）践行社会主义核心价值观，勇担社会责任

大学生是国家的未来和民族的希望，必须明确人生的奋斗方向，自觉担负社会责任，将个人发展与国家存亡紧密联系起来。学习先进知识，夯实专业技能，积极参与社会实践，投身到祖国的建设中。新中国成立初期，钱学森、邓稼先、华罗庚等一批知识分子在祖国最困难、最需要人才的时候，克服一切艰难险阻，毅然回国，奋不顾身地投身到祖国的建设之中。当代大学生更应当有爱国奉献精神，积极运用自身所学建设祖国。

（三）抵制"颜色革命"，反对分裂势力

"颜色革命"是一场"没有硝烟的战争"，大学生要真正意识到自己是国家的主人，坚定理想信念和政治立场，不断提升政治洞察力和政治鉴别力，自觉抵御错误思潮，增强忧患意识和政治安全意识，将关心切身利益与维护国家稳定与安全联系起来。《中华人民共和国宪法》规定："中华人民共和国公民有维护国家统一和全国各民族团结的义务。""保卫祖国、抵抗侵略是中华人民共和国每一个公民的神圣职责。"大学生要认识到维护政治安全是每个公民的法定义务，坚决捍卫中国共产党的领导地位和中国特色社会主义制度，坚定中国特色社会主义制度自信。

①中共中央文献研究室．习近平关于社会主义社会建设论述摘编[M]．北京：中央文献出版社，2017：184.

实践与提升

主题朗诵：红岩家书

活动目标：

重庆是红岩精神的发源地，红岩精神植根于重庆悠久的历史文化和光荣的革命传统，植根于伟大建党精神，是中国共产党革命精神的重要组成部分，是中华民族宝贵的精神财富。

活动准备：

1.收集、选取红岩家书。

2.了解革命烈士的英勇事迹。

活动过程：

1.选取一封红岩家书或节选家书的一部分朗诵，时长2—3分钟。

2.分享家书背后的故事。

3.学生自评、互评，老师点评。

优点：____；

缺点：____；

个人感受：____________________________________。

云课堂

扫描二维码，阅读《青年人如何学好党史？原中央党校校委委员韩庆祥支了几招》。

任务评价

学生自评/互评表

班级：　　　　　　　　姓名：　　　　　　　　学号：

评价项目	评价标准	分值	自评	互评
学习态度	及时查阅并学习教师上传的学习材料，按时提交作业	15		
专业知识	理解政治安全的重要性以及我国政治安全面临的威胁与挑战，掌握政治安全的主要内容及维护政治安全的途径与方法	20		
研讨精神	积极参加讨论，对其他人的发言能提出合理的分析和见解	15		
团队协作	能很好地融入小组讨论，共同推进学习进程	15		
信息素养	会检索文献，主动阅读学习，且能运用新媒体进行相关练习	15		
情怀素养	具备忧患意识，有民族自豪感，关注、维护我国政治安全	20		
合计		100		

教师评价表

班级：　　　　　　　　姓名：　　　　　　　　学号：

评价项目		评价标准	分值	得分
考勤		无迟到、早退、旷课现象	10	
专业知识	案例收集	收集的案例与维护政治安全相关	10	
		掌握维护政治安全的途径和方法	20	
	案例分析	正确分析案例	10	
		正确认识“颜色革命”	10	
		掌握大学生维护政治安全的途径	10	
	主题朗诵	朗诵红岩家书时准备充分、感情充沛	10	
		对红岩精神理解到位	10	
综合表现		课堂表现好，积极参与讨论和学习，学习效果好	10	
合计			100	

综合评价	自评（20%）	互评（30%）	教师评价（50%）	综合得分

项目九

山河我来“护”

知识目标

1. 了解巩固边防安全、增强国土安全意识等相关知识。

2. 熟悉国土安全和资源安全的主要内容。

3. 掌握维护国土安全和资源安全的途径与方法。

技能目标

1. 具备运用新媒体宣传国土安全和资源安全的能力。

2. 提升对我国国土安全、资源安全方针政策的理解能力。

素质目标

1. 树立国土安全意识，弘扬爱国主义精神。

2. 树立基于资源安全的可持续发展观，根植绿色环保发展理念。

导　言

国土安全属于传统安全领域，是维护国家安全应坚守的底线；资源安全属于非传统安全领域，是国家可持续发展的安全保障。国土安全、资源安全相互联系。在国之东，在国之南，在国之西，在国之北，祖国的每一寸山河，祖国的每一份资源，都有人忠诚守护、默默奉献。

知识图谱

- 山河我来“护”
  - 守护国土 捍卫家园
    - 国土安全的重要性
    - 国土安全的主要内容
    - 国土安全面临的威胁与挑战
    - 维护国土安全的途径与方法
  - 保护资源 秀美山川
    - 资源安全的重要性
    - 资源安全的主要内容
    - 资源安全面临的威胁与挑战
    - 维护资源安全的途径与方法

任务一 守护国土 捍卫家园

任务描述

国土安全是构成国家安全的基本要素，是国家生存和发展的基本条件，守卫国土安全意义重大。

1. 小组讨论，熟悉中国地图，完成工作表单1。

2. 分析案例《他们，守护着蓝色国土——二〇二二年度“海洋人物”速写》，完成工作表单2。

任务准备

1. 分小组，4—6人为一组，选定小组长或主持人。

2. 选择讨论地点，排列座位。

任务实施

工作表单1

认识中国地图

1. 准备1份中国地图，认识中国地图，熟悉国家的疆域、行政区划。

2. 在中国地图上标出“三北”工程位置，并将其粘贴在下表中。

工作表单2

扫描二维码阅读并分析案例，完成下表。

2022年度“海洋人物”分别从哪些方面进行国土安全的维护	
简述维护国土安全的途径与方法	

习语金句

南沙群岛自古以来就是中国的领土，我们对此有着充足的历史和法理依据。中国对南沙部分驻守岛礁进行了相关建设和设施维护，不影响也不针对任何国家，不应过度解读。中方岛礁建设主要是为了改善岛上人员工作生活条件，并提供相应国际公共产品服务，也有助于进一步维护南海航行自由和安全。

——2015年9月22日，习近平在接受美国《华尔街日报》采访时的回答

任务分析

党的二十大报告指出，“深入实施区域协调发展战略、区域重大战略、主体功能区战略、新型城镇化战略，优化重大生产力布局，构建优势互补、高质量发展的区域经济布局和国土空间体系。”“健全主体功能区制度，优化国土空间发展格局。”“科学开展大规模国土绿化行动。”充分彰显了国土安全在国家发展中的重要战略地位。

一、国土安全的重要性

国土是国家主权与主权权利管辖范围内的地域空间，是一个国家和民族生存繁衍的基本物理基础。国土安全是指领土完整、国家统一，边疆边境、海洋权益等不受侵犯或免受威胁的状态，以及持续保持这种状态的能力。国土安全是立国之基，是国家生存和发展的基本条件。习近平总书记在党的二十大报告中指出，“统筹外部安全和内部安全、国土安全和国民安全、传统安全和非传统安全、自身安全和共同安全，统筹维护和塑造国家安全”，将国土安全与国民安全并列，凸显国土安全的重要性。

国土安全能够得到切实有效维护，国家的政治、经济、文化等安全就有保障。一旦国土安全遭受破坏，将波及其他领域安全，进而引发国家安全的总体危机。同时，其他领域的安全对国土安全也具有重要影响，任何一个领域的安全出现问题，都将直接或间接对国土安全造成威胁。

二、国土安全的主要内容

国家领土指处于国家主权管辖下的地球表面的特定部分，是国家行使主权的空间，由领陆、领水、领空三部分组成。我国拥有2.2万多千米陆地边界、1.8万多千米大陆海岸线，是世界上邻国最多、陆地边界最长、海上安全环境十分复杂的国家之一，维护领土主权、海洋权益和国家统一的任务艰巨而繁重。

《中华人民共和国领海及毗连区法》规定：“中华人民共和国的陆地领土包括中华人民共和国大陆及其沿海岛屿、台湾及其包括钓鱼岛在内的附属各岛、澎湖列岛、东沙群岛、西沙群岛、中沙群岛、南沙群岛以及其它一切属于中华人民共和国的岛屿。”“中华人民共和国领海的宽度从领海基线量起为十二海里。”“中华人民共和国对领海的主权及于领海上空、领海的海床及底土。”关于领空的范畴，《中华人民共和国民用航空法》规定：“中华人民共和国的领陆和领水之上的空域为中华人民共和国领空。中华人民共和国对领空享有完全的、排他的主权。”

从总体国家安全观出发，国土安全主要包含三个方面的内容：一是国土不受威胁和侵犯；二是国土不被分裂；三是国土之上的基础设施不被破坏。

三、国土安全面临的威胁和挑战

当前，我国的国土安全依然面临威胁，陆地边界争议尚未彻底解决，岛屿领土问题和海洋划界争端依然存在，个别域外国家舰机对我国频繁实施抵近侦察，多次非法闯入我国领海，危害我国国家安全。

（一）国土边境安全面临挑战

邻国的安全威胁、地区局势的变化、外国势力的活动等都是影响边境安全的重要因素。首先，邻国的安全威胁，比如邻国发生武装冲突、暴力活动等，这些国家的人可能越境逃入我国，或者出现非法武装贩卖等，影响我国边境安全。其次，地区局势的变化也会对我国边境安全产生影响。比如一些国家的发展战略、政治家的言行，以及地缘政治冲突等，都会对我国的国土安全造成潜在的威胁。最后，外国势力的活动也是影响我国边境安全的一大因素，比如一些外国政府和非政府组织在一些地区开展军事和政治活动，严重影响我国的国家安全。

（二）反分裂斗争形势依然错综复杂

在我国历史上，团结统一始终是主流，但也始终存在分裂与反分裂的斗争。20世纪80年代末90年代初，境内外各种分裂势力死灰复燃，在西方敌对势力的怂恿和支持下，以我国边疆民族地区为突破口，极尽蛊惑煽动之势，伺机实施各种破坏活动。进入21世纪以来，境内外各种敌对势力活动频繁，出现组织化趋势。我们对此要保持高度警惕，牢固树立维护国家利益的意识，学会与反分裂势力作斗争。

（三）舆论环境亟待改善

在信息时代，舆论的力量不可忽视。当前我国的国土安全面临一种无形的挑战，即西方国家控制的反华反共舆论环境。例如，日本曾屡次否认南京大屠杀罪行，无视中国人民的感受参拜供奉着侵华战犯的靖国神社，炒作“钓鱼岛国有化”。菲律宾曾经发表对黄岩岛拥有主权的不实言论。2020年6月，中印边境爆发“加勒万河谷”冲突事件，印方公然炫耀抢占了班公湖南岸的两个制高点，并且宣称将中国军队置于了印军步枪的射程之内。周边国家为了自身的利益罔顾事实，不惜通过各种手段制造引发边境冲突的言论，诸如此类的舆情对一些国家不明真相的民众产生了认知上的负面影响，不利于中国外交活动的开展和民心相通。

四、维护国土安全的途径与方法

习近平总书记强调，要“深刻认识国家安全面临的复杂严峻形势，正确把握重大国家安全问题，加快推进国家安全体系和能力现代化，以新安全格局保障新发展格局，努力开创国家安全工作新局面”。维护国土安全是一项系统的、复杂的、综合的长期工作，完善国土安全法律和教育体系，推进兴边富民工程，加强国防建设和外交能力等都是重要抓手。

（一）完善国土安全法律和教育体系

1. 完善维护国土安全的法律体系

为有效应对国土安全面临的新挑战，以及新兴领域的非传统安全威胁，我国逐渐完善国土安全法律体系。2005年3月，第十届全国人民代表大会第三次会议通过《反分裂国家法》；2015年7月，第十二届全国人民代表大会常务委员会第十五次会议通过《中华人民共和国国家安全法》；其他法律包括《中华人民共和国领海及毗连区法》《中华人民共和国反恐怖主义法》《中华人民共和国网络安全法》等。党的十八届三中全会决定成立国家安全委员会。中央国家安全委员会按照集中统一、科学谋划、统分结合、协调行动、精干高效原则，统一领导和部署国家安全工作。大学生应加强国家安全法律知识学习，具备维护国家安全的法律素养。

2. 加强国土安全的宣传教育

2018年，《教育部关于加强大中小学国家安全教育的实施意见》印发，明确了8项重点工作。要求各地教育行政部门和学校要积极发挥课堂教学主渠道作用，改进国家安全教育教学活动；要求推进国家安全教育实践基地建设，发挥教育实践基地的特色优势。大学生安全教育要结合政治、德育、历史、语文等相关学科内容开展活动，依托共青团、学生党支部、学生会、学生社团等，开展知识竞赛、演讲比赛、文艺表演、社会实践等形式多样的国土安全教育主题活动。强化当代青年有关国土安全的知识储备和责任意识，也是全民国家安全教育的重要内容。

（二）坚持兴边富民，强边固边稳边

1. 推进兴边富民工程

由于历史、地理、自然等方面的原因，我国边境民族地区的自然条件比较恶劣，经济文化发展相对落后，交通、通信、能源、水利等基础设施比较薄弱，因此边境地区的民族工作十分重要，关系到边防巩固、社会稳定、国家统一。1999年，由国家民委联合国家发展改革委、财政部等部门倡议发起的一项边境建设工程——兴边富民行动，宗旨就是振兴边境、富裕边民。该政策实施以来，在推动边境地区民族团结进步和高质量发展方面取得了很大成效。该政策的扎实落实有利于增强边境群众的获得感、幸福感、安全感及爱国情感，最终达到富民、兴边、强国、睦邻的目的。

2. 巩固边防安全

国土安全首要在塞防，塞防稳固首要在防卫固守。加快完善边境地区设施，提升边境地区开发开放水平；加快沿边口岸升格，以大口岸、大通道、大物流的战略规划带动沿边地区大开放、大发展；推动产业兴边，发展因地制宜的边境地区特色产业；坚守守土有责、守土负责、守土尽责的固边理念;加强边境地区生态文明建设等是发展边防、巩固边境安全的有效措施,可以从根本上巩固边防。

(三)坚持陆海统筹,建设海洋强国

党的十九大报告指出,我国要“坚持陆海统筹,加快建设海洋强国”;“要以‘一带一路’建设为重点”,“形成陆海内外联动、东西双向互济的开放格局”。党的二十大报告又指出:要“发展海洋经济,保护海洋生态环境,加快建设海洋强国”。我国加强海洋强国建设,可以更好发挥世界和平的建设者、全球发展的贡献者、国际秩序的维护者的积极作用。

(四)加强国防建设和提升外交能力

1.加强国防建设,捍卫国土安全

国防产生于国家形成之后,是国家为抵御外来侵略与颠覆,捍卫国家主权独立、领土完整,维护国家统一和发展,而进行的军事及与军事有关的政治、经济、科技、文化、教育、外交等方面的活动。在国防建设方面,我们坚持走中国特色强军之路,全面推进国防和军队现代化,坚持政治建军、改革强军、科技强军、人才强军、依法治军,聚焦能打仗、打胜仗,坚持机械化信息化智能化融合发展,加快军事现代化,构建中国特色现代军事力量体系,完善和发展中国特色社会主义军事制度,不断提高履行新时代使命和任务的能力。

2.强化捍卫国土安全的国际话语权

党的二十大报告指出:“加强国际传播能力建设,全面提升国际传播效能,形成同我国综合国力和国际地位相匹配的国际话语权。”中国共产党和中国人民正信心百倍推进中华民族伟大复兴进程,不仅要有硬实力,还要有软实力。2017年1月,习近平总书记在联合国日内瓦总部发表题为《共同构建人类命运共同体》的主旨演讲,主张建设一个普遍安全的世界,强调世界各国应该树立共同、综合、合作、可持续的全球安全观。

实践与提升

主题演讲:弘扬“三北精神”,争做新时代奋斗者

“三北”工程,即“三北”防护林体系建设工程,是指在中国西北、华北和东北地区建设的大型人工林业生态工程,东起黑龙江,西至新疆,是一道绵亘万里的绿色长城。在

“三北”工程建设中涌现出了一批又一批、一代又一代造林治沙英雄，铸就了艰苦奋斗、无私奉献、锲而不舍、久久为功的“三北精神”。

活动目标：

引导学生弘扬艰苦奋斗、无私奉献、锲而不舍、久久为功的“三北精神”。

活动准备：

题目自拟，准备2—3分钟的演讲稿。

活动过程：

1. 分小组，4—6人为一组，组内外演讲展示。
2. 学生自评、互评，老师点评。

优点：______________________________；

缺点：______________________________；

个人感受：______________________________

______________________________。

云课堂

扫描二维码，阅读《美国“航行自由”的“神逻辑”》。

任务评价

学生自评/互评表

班级：　　　　　　　　　　姓名：　　　　　　　　　　学号：

评价项目	评价标准	分值	自评	互评
学习态度	积极学习相关材料，认真完成作业和学习任务	15		
专业知识	了解国土安全的相关内容，掌握维护国土安全的途径和方法	20		
研讨精神	积极参加讨论，对其他人的发言能提出合理的分析和见解	15		
团队协作	能很好地融入小组讨论，与组内成员沟通顺畅，共同推进学习进程	15		
信息素养	会检索文献，且能运用新媒体进行相关练习	15		
情怀素养	以保家卫国勇士为榜样，弘扬艰苦奋斗、无畏风险、锲而不舍的奉献精神	20		
合计		100		

教师评价表

班级：　　　　　　　　　　姓名：　　　　　　　　　　学号：

评价项目		评价标准	分值	得分
考勤		无迟到、早退、旷课现象	10	
专业知识	熟悉中国地图	熟悉中国地图	15	
		能准确标记出“三北”工程位置	15	
	海洋人物案例分析	掌握从哪些方面维护国土安全的知识	15	
		掌握维护国土安全的途径和方法	15	
	“三北精神”主题演讲	内容紧扣主题，观点正确，思维严谨，构思巧妙	10	
		吐字清晰，声音洪亮，表达准确、自然，富有感染力	10	
综合表现		课堂表现好，积极参与讨论和学习，学习效果好	10	
合计			100	
综合评价		自评(20%)	互评(30%)	教师评价(50%)	综合得分

任务二　保护资源　秀美山川

任务描述

构建和完善开放型的资源保障体系，确保水、土地、生物和矿产等资源的充足、稳定和可持续供应，有助于持续促进国家的发展，为国家安全提供支撑。

1. 实地调研耕地使用情况，完成工作表单1。

2. 分析案例《我国发现新类型稀土资源》，完成工作表单2。

任务准备

1. 分小组，4—6人为一组。

2. 制订调研方案，至少调研2处地方。

任务实施

工作表单1

守住耕地“红线”，稳定粮食生产

1. 熟悉耕地“四严禁、五不得、六严禁、八不准”的内容，在对应处写出具体内容。

2. 至少调研2处地方，并在表单中填写调研情况。

3. 小组讨论，进行小结。

类型	调研情况 （地点：　　　）	调研情况 （地点：　　　）	备注
四严禁：			2021年11月，《自然资源部 农业农村部 国家林业和草原局关于严格耕地用途管制有关问题的通知》，针对永久基本农田和一般耕地保护提出

续表

类型	调研情况（地点：　　　　）	调研情况（地点：　　　　）	备注
五不得：			2021年11月，《自然资源部 农业农村部 国家林业和草原局关于严格耕地用途管制有关问题的通知》，明确提出严格耕地用途管控
六严禁：			2020年9月，《国务院办公厅关于坚决制止耕地“非农化”行为的通知》，围绕耕地保护提出
八不准：			2020年7月，《自然资源部 农业农村部关于农村乱占耕地建房“八不准”的通知》，围绕农村乱占耕地建房提出
小结			

工作表单2

扫描二维码阅读并分析案例，完成下表。

稀土资源对国家发展有哪些作用	
我国资源安全包括哪些方面	
我国面临哪些资源安全的严峻挑战	
如何维护资源安全	

习语金句

以国内大循环为主体，绝不是关起门来封闭运行，而是通过发挥内需潜力，使国内市场和国际市场更好联通，更好利用国际国内两个市场、两种资源，实现更加强劲可持续的发展。

——2020年7月21日，习近平在企业家座谈会上的讲话

任务分析

资源安全是国家安全的重要支撑，是关系国家经济社会发展的全局性、战略性问题，是其他领域安全的依托，对国家繁荣发展、人民生活改善、社会长治久安至关重要。

一、资源安全的重要性

资源是人类生存与发展不可或缺的物质基础。资源安全是国家安全体系中的重要基石，是国家安全的重要支撑。

（一）资源安全是国家安全的重要支撑

资源安全在国家安全中占据重要地位，是国家战略命脉、国家产业发展的条件、国民经济的主要支撑、社会稳定的基础。一般来说，一个国家的自然资源越丰富，资源供应的安全性越高，其经济发展的保障程度就越高。没有可靠的资源供应，就没有国家的稳定发展。在当前国际背景下，为保障资源安全，各国采取了一系列战略措施。

我国正处于新型工业化发展阶段，在全球新一轮科技革命和产业革命加速推进的历史背景下，必须确保资源的数量和质量安全，尤其是稀有金属、稀土金属、稀散元素（合称“三稀”矿产资源）等关键原材料，要增强供给保障能力。

（二）资源安全是国家其他领域安全的依托

资源安全与国家其他领域的安全有着密不可分的联系。作为国家战略保障，资源是国家维护政治、军事安全的基础，是经济社会可持续发展必不可少的要素。资源安全也与人们的生活息息相关，如国际和国内燃油价格的变化、耕地面积持续减少和质量不断下降等，都可以归结为资源安全方面出现了问题。

随着我国经济发展理念和方式的转变,资源安全和供给也面临新问题。降低资源消耗,兼顾资源安全与其他领域安全,推行绿色行动才能实现中华民族永续发展。

二、资源安全的主要内容

资源安全体现为一个国家或地区可以持续、稳定、及时、足量供给资源的状态。资源安全一般包括五层含义:一是数量要充裕,既要有总量的充裕,也要有人均的充裕;二是质量要有保证;三是供给要多样性,要发展资源贸易伙伴关系,建立资源共同体;四是资源的时空分布和人均占有量均衡;五是以较小的代价获取所需资源。

资源有广义和狭义之分,广义的资源包括所有自然的、非自然的资源;而狭义的资源,仅限于自然资源。通常所说的资源,是狭义的资源,主要有耕地资源、矿产资源、海洋资源、水资源、森林资源、草原资源、可再生能源等。

(一)耕地资源

整体而言,我国土地资源总量丰富,土地利用类型多样,为我国因地制宜全面发展农、林、牧、副、渔业提供了有利条件。但是,我国人均土地资源较少、地区分布不平衡且可开发的后备资源少,特别是人与耕地的矛盾依然严峻。

耕地是保障粮食安全和生态安全的根基,是具有重要生态功能的资源要素。近年来,国务院办公厅、自然资源部会同多部门连续发布多份重要文件,为耕地保护制度注入“耕地用途管控”内涵,概括说即“四严禁、五不得、六严禁、八不准”。2023年中央一号文件《中共中央 国务院关于做好2023年全面推进乡村振兴重点工作的意见》提出“加强耕地保护和用途管控”,首次明确将耕地用途管控项目细化到“种植用途”,为落实最严格的耕地保护制度提供了新指引。习近平总书记多次强调:“耕地是粮食生产的命根子,要严防死守18亿亩耕地红线,采取‘长牙齿’的硬措施,落实最严格的耕地保护制度。”

(二)矿产资源

矿产资源是社会生产和发展的重要物质基础。《中华人民共和国矿产资源法实施细则》规定:“矿产资源是指由地质作用形成的,具有利用价值的,呈固态、液态、气态的自然资源。”在习近平生态文明思想指引下,我国坚持统筹发展和安全,不断推进矿产资源管理改革和矿业领域绿色发展,为发展新质生产力蓄势赋能,为推进中国式现代化提供能源资源保障。

（三）海洋资源

“海洋事业关系民族生存发展状态，关系国家兴衰安危。”党的十八大以来，习近平总书记多次在讲话中谈及海洋强国建设，重视海洋事业发展。我国是一个海洋大国，海域面积十分辽阔。建设海洋强国是中国特色社会主义事业的重要组成部分。保护海洋生态环境，建设绿色可持续的海洋生态环境，着力推动海洋开发方式向循环利用型转变，是建设海洋强国的重要措施。海洋的和平安宁关乎我国安全和利益，需要大力维护，倍加珍惜。

（四）水资源

水是生命之源，是人类赖以生存和发展的重要资源之一。中国水资源分布很不均匀，与土地、矿产资源分布组合不相适应。比如全国水资源的81%集中分布在长江及其以南地区，该地区耕地面积仅占全国的36%；而淮河及其以北地区，耕地面积占全国的64%，水资源量仅占全国的19%。21世纪以来，我国水资源仍面临严峻挑战，当前存在着人均供水量低水平的潜在危险。

为了合理开发、利用、节约和保护水资源，防治水害，实现水资源的可持续利用，适应国民经济和社会发展的需要，我国制定了《中华人民共和国水法》。在工业、农业和生活用水方面，强调节约用水，缓解水资源供需矛盾；强化保护，确保水生态、水环境得到修复和改善；加大监管力度，实行严格的需求管理和用水总量控制。

（五）森林资源

森林是一种能提供多种原料和发挥多种效益的宝贵资源，它在人类生态系统以及整个生物圈中都起着相当重要且不可替代的作用。森林资源是林地及其所生长的森林有机体的总称。森林资源是地球上最重要的资源之一，是生物多样化的基础，不仅能够为生产和生活提供多种宝贵的木材等原材料，为人类经济生活提供多种物品，更重要的是能够调节气候，保持水土，防止和减轻旱涝、风沙、冰雹等自然灾害；森林能够净化空气，还是天然的动植物园，哺育着各种飞禽走兽和生长着多种珍贵林木和药材。森林资源安全是生态安全的重要组成部分，守护森林资源安全，实现人与自然和谐相处，是人类共同的责任。

（六）草原资源

草原被誉为“地球皮肤”。2020年国家林业和草原局公布的数据显示，中国有天然草原3.928亿公顷，约占全球草原面积的12%，居世界第一。长期以来，我国非常重视草原治理和保护，坚持山水林田湖草沙一体化保护和系统治理，综合运用自然恢复和人工修复两种手段，持之以恒推进生态建设。保护和发展草原资源，有利于保障牧业良好发展，有利于解决水土流失、荒漠化、石漠化等生态退化问题。对草原实行科学规划、全面保护、重点建设、合理利用的方针，可促进草原的可持续利用和生态、经济、社会的协调发展。

（七）可再生能源

可再生能源包括太阳能、风能、水能、地热能等，是清洁能源，是衡量一个国家高新技术发展水平的重要依据。近年来，我国可再生能源一直保持高利用率水平，并成为全球可再生能源容量增长的主要推动力之一。国家能源局发布的数据显示，2022年，我国风电、光伏发电发展势头强劲，装机规模保持快速增长，全国风电、光伏发电新增装机突破1.2亿千瓦，创历史新高，风电光伏年发电量首次突破1万亿千瓦时。未来，我国将不断优化可再生能源产业发展布局，实现可再生能源高质量发展。

三、资源安全面临的威胁与挑战

我国是人口大国和消费大国，随着经济的迅速发展，我国资源也面临不同程度的威胁与挑战，主要表现为资源的过度开发和利用，人均资源量少，分布不均，环境污染导致可利用资源减少；资源保护成本增高；资源对外依赖度高；资源开发利用水平不高；等等。评判各种资源是否安全的指标大致如下：

（1）土地资源：耕地面积指数、耕地质量指数、土地沙化和水土流失指数等。

（2）矿产资源：矿产资源的储蓄量、开采量和产生的废物总量等。

（3）海洋资源：近海水体质量、水体污染程度及近海生物资源下降数等。

（4）水资源：可用地表和地下淡水资源储量的耗减数、淡水资源污染和水质下降程度、洪涝灾害等。

（5）森林资源：森林面积、森林的采伐量和采伐密度、森林受灾面积等。

（6）草地资源：草地面积、草地面积耗减量、草地质量指数、草地退化（特别是沙化、碱化）数、草地受灾面积等。

（7）可再生能源：可持续性、经济性，能源分布、数量等。

四、维护资源安全的途径与方法

资源是我国推进工业化、信息化、新型城镇化和农业现代化，实现中华民族伟大复兴的重要物质基础。推行绿色发展行动、做好资源配置等是维护资源安全的有效途径。

（一）推进绿色发展行动

2023年国务院政府工作报告强调，统筹能源安全稳定供应和绿色低碳发展，科学有序推进“碳达峰碳中和”，为推动绿色低碳发展行动明确了方向。推动绿色发展转型，对能源安全具有重大意义，也是实现中国式现代化，推进经济高质量发展的重要路径。坚持资源开发的多元化原则，倡导绿色发展，推动低碳循环发展，加快能源革命步伐和技术创新，重视风能、太阳能、生物能和水能等非化石能源的开发，积极开发天然气、煤层气和页岩气，优化资源生产和消费结构等，都有利于实现资源节约与绿色发展。

（二）利用好国际国内两个市场、两种资源

“两个市场”指国内市场和国际市场，“两种资源”指国内资源和国外资源。通过利用两个市场、两种资源，可以推动经济结构调整和资源优化配置。我国社会生产力的持续发展，要求充分利用两个市场和两种资源，最大限度地利用国际分工和世界市场的有利条件。

（三）健全国家资源防护体系

健全国家资源防护体系，主要有以下几个方面的内容：一是完善资源安全法律体系，通过法律的规范性、强制性确保资源安全；二是建立资源安全的保障机制，加强资源产权制度建设，明确土地、水、煤炭和矿产等自然资源的资产属性和产权主体，有利于资源的合理利用和保护；三是完善国内与海外资源运输通道建设，确保资源安全；四是打击跨境资源走私，维护国家资源利益。

实践与提升

歌曲欣赏：《石油歌曲辑》

为纪念“铁人”王进喜100周年诞辰，由大庆油田文化集团组织创作并录制的反映石油行业、彰显时代特色的《石油歌曲辑》，2023年7月10日进行全媒体展播。

活动目标：

引导学生弘扬“爱国、创业、求实、奉献”的大庆精神（“铁人”精神）。

活动准备：

熟悉《石油歌曲辑》中的歌曲。

活动过程：

欣赏《石油歌曲辑》中的歌，分享感受，形式不限。

感悟：____

____。

云课堂

扫描二维码，阅读《〈北京宣言〉呼吁高效利用和有效保护水资源》。

任务评价

学生自评/互评表

班级：　　　　　　　　姓名：　　　　　　　　学号：

评价项目	评价标准	分值	自评	互评
学习态度	积极主动地进行学习并完成相关学习任务	15		
专业知识	了解资源安全的相关内容，掌握维护资源安全的途径和方法	20		
研讨精神	积极参加讨论，对其他人的发言能提出合理的分析和见解	15		
团队协作	能很好地融入小组讨论，与组内成员沟通顺畅，共同推进学习进程	15		
信息素养	能进行相关文件检索，合理运用新媒体进行学习	15		
情怀素养	弘扬“爱国、创业、求实、奉献”的大庆精神	20		
合计		100		

教师评价表

班级：　　　　　　　　　　　　姓名：　　　　　　　　　　　　学号：

评价项目		评价标准	分值	得分
考勤		无迟到、早退、旷课现象	5	
专业知识	讨论：《守住耕地“红线”，稳定粮食生产》	熟悉耕地“四严禁、五不得、六严禁、八不准”的主要内容	10	
		实地深入调研，结果真实、有效	20	
	学习稀土资源相关知识	正确理解稀土资源的重要性	15	
		掌握我国资源安全面临的挑战	15	
		熟悉维护资源安全的途径和方法	10	
	歌曲欣赏	熟悉《石油歌曲辑》中歌曲写作背景及深刻意蕴	5	
		能准确体会大庆精神（“铁人”精神）	10	
综合表现		课堂表现好，积极参与讨论和学习，学习效果好	10	
合计			100	
综合评价	自评（20%）	互评（30%）	教师评价（50%）	综合得分

项目十

强基力量"聚"

知识目标

1. 了解北粮南运、新时代北斗精神、外来物种入侵等知识。

2. 熟悉国家经济安全和新型领域安全的内容。

3. 掌握维护国家经济安全和新型领域安全的途径与方法。

技能目标

1. 能从维护国家安全的视角分析促进我国经济发展的重要性。

2. 能从维护国家安全的视角解读新型领域安全的相关法律、政策。

素质目标

1. 增强维护国家经济安全意识,养成厉行节约、反对浪费的习惯。

2. 提升团队合作精神、科学思维能力。

导　言

经济安全是国家安全的基础，是国家制定安全战略的重要依据。确保经济安全，是维护国家经济利益和人民长远利益的重大任务。新型领域安全是国家安全的重要组成部分，事关国家未来发展。经济安全，国之基础；新型安全，国之利益。两者互为支撑，相互影响。

知识图谱

- 强基力量"聚"
  - 经济安全 国之基础
    - 经济安全的重要性
    - 经济安全的主要内容
    - 经济安全面临的威胁与挑战
    - 维护经济安全的途径与方法
  - 新型安全 国之利益
    - 新型领域安全的重要性
    - 新型领域安全的主要内容
    - 新型领域安全面临的威胁与挑战
    - 维护新型领域安全的途径与方法

任务一　经济安全　国之基础

任务描述

经济安全内涵丰富，包括财政安全、金融安全、粮食安全、能源安全、产业链供应链安全等。

1. 分小组讨论北粮南运的重要意义，完成工作表单1。
2. 分析案例《被美国打断的日本崛起》，完成工作表单2。

任务准备

1. 了解北粮南运相关知识。
2. 了解我国的粮食主产区相关知识。

任务实施

工作表单1

北粮南运

在我国，有南水北调、西气东输、西电东送、北煤南运、东数西算，还有鲜为人知的北粮南运。每一年，通过海路、铁路、公路，近亿吨的粮食从北方出发，穿越数千公里，登上南方家庭的餐桌。粮食大迁徙背后，一头牵着国民经济发展，一头牵着民生大计，承载着人民的希望，满载着丰收的喜悦。

对照中国地图、参考相关资料，
列出我国的粮食主产区

分析当前的北粮南运的重要性

工作表单2

扫描二维码阅读并分析案例，完成下表。

分析美国是如何打断日本崛起的	
该案例的本质是什么	
该案例对我们有哪些启发	

习语金句

我国经济必须确保国家安全，确保基本民生，确保基础设施、基础产业总体正常运转。

——2022年12月15日，习近平在中央经济工作会议上的讲话

任务分析

《中华人民共和国国民经济和社会发展第十四个五年规划和2035年远景目标纲要》指出，“坚持政治安全、人民安全、国家利益至上有机统一，以人民安全为宗旨，以政治安全为根本，以经济安全为基础，以军事、科技、文化、社会安全为保障，不断增强国家安全能力”。经济安全是国家安全的基础，是其他领域安全的基石。

一、经济安全的重要性

经济安全事关一个国家的经济主权和经济利益，世界各国均将其涵盖在国家安全战略之中。经济是国家实力的重要构成因素。习近平总书记强调，"民心是最大的政治"。而经济安全是赢得民心、巩固政权、稳定社会的基本条件。只有国家经济安全，经济才能稳中有升，才能满足人民的美好生活需求。只有夯实国家经济基础，才能推动国家发展，维护社会稳定。

国家安全体系包括政治安全、国土安全、科技安全、军事安全、文化安全等多个领域，无论是传统国家安全还是新型领域安全，无论是突破"卡脖子"技术的科技进步，还是建成世界一流军队，都需要强大的经济基础做支撑。如果经济安全得不到保障，国家的安全稳定和发展都将受到影响。

二、经济安全的主要内容

经济安全是国家安全的重要组成部分，学习探讨经济安全，首先必须厘清经济安全的内涵及表现形式。

（一）经济安全的内涵

国家经济安全，是指经济全球化时代一国保持其经济存在和发展所需资源有效供给、经济体系独立稳定运行、整体经济福利不受恶意侵害和非可抗力损害的状态和能力，是一国的经济发展和经济实力处于不受根本威胁的状态。因此，国家经济安全既是一种经济不受威胁的状态，也是抵御、化解外来风险，并维护这种状态和进一步发展的能力。

（二）经济安全的表现形式

经济安全包括财政安全、金融安全、粮食安全、能源安全、产业链供应链安全等。

1.财政安全

财政安全意味着强大的财政实力，财政不安全则表现为不同程度的财政危机。财政安全就是一个国家的财政收支平稳且稳固增长、债务规模处在合理区间，并具备充足的财政政策空间用以调整经济结构、保证社会经济运行，同时能够以强大的财政实力应对各种危机的状态。财政安全问题既是国家经济安全问题，也是社会安全问题，还涉及巩固政权、维护政治利益等。

2.金融安全

国家金融安全是指一个国家的金融体系具有抵御和抗衡国内外不利因素冲击和干扰的能力,能够化解各种金融风险,并保持正常运行和发展的一种状态。金融是经济的血脉,金融安全是动态变化的过程,是经济平稳健康发展的重要基础。

3.粮食安全

民以食为天,食以安为本。“粮食安全应当指各级政府通过制定政策,采取经济、法律、行政等多种手段保障本辖区内居民生活和社会生产对粮食基本需求持续得到满足的过程,从而使国家利益处于没有危险和不受内外威胁的状态。”[①]习近平总书记强调“确保中国人的饭碗牢牢端在自己手中”,饭碗主要装中国粮。联合国粮农组织发布《2023年全球粮食危机报告》,指出2022年全球58个国家和地区,约2.58亿人受到严重粮食危机影响,导致全球粮食危机严重程度加剧的主要原因包括经济冲击、冲突和不安全、气候变化和极端天气事件等,全球粮食不安全状态不断恶化。为了保障粮食有效供给,确保国家粮食安全,提高防范和抵御粮食安全风险能力,维护国家安全和社会稳定,2023年12月29日,《中华人民共和国粮食安全保障法》颁布,2024年6月1日施行。

4.能源安全

能源保障和安全事关国计民生,是须臾不可忽视的“国之大者”。党的二十大报告指出,“十四亿多人的粮食安全、能源安全得到有效保障”。近年来,我国的能源生产总量持续增长,能源供给结构持续优化、质量不断提升,建立了煤、油、气、核、新能源和可再生能源多轮驱动的能源供应体系,建成全球清洁化程度最高、规模最大的煤电体系,风电、光伏发电等新能源技术处于国际先进水平。

5.产业链供应链安全

产业链是经济学范畴的一个概念,是有一定技术经济关联的各个产业部门之间,依据特定的逻辑关系和时间、空间关系形成的链条式关联关系形态,该链条具有价值增值功能。供应链是管理学范畴的一个概念,是指商品从最初的材料到消费者手中全过程的一系列链接关系,将制造商、供应商、分销商、零售商、最终用户等连成整体的一个功能网链结构。国家产业链供应链安全意味着国家自主产业链供应链的生存和发展不受威胁的状态,同时具有保障持续安全的能力。我国是全世界唯一拥有全部工业门类的国家。

---

① 穆中杰.建议科学界定“粮食安全”的概念——粮食安全保障法草案完善建议[N].民主与法制时报,2023-07-18(3).

三、经济安全面临的威胁与挑战

近些年，我国经济发展遭遇增长速度换挡期、结构调整阵痛期、前期刺激政策消化期“三期叠加”复杂局面，经济增长阻力增多，经济安全面临多种风险与挑战。

（一）资源稀缺的威胁与挑战

经济的蓬勃发展需要大量的自然资源，然而，不可再生资源的减少以及人类不合理的资源利用使得资源的有限性和稀缺性更加显著。随着技术创新的推进，全球经济正逐渐向新兴产业倾斜，战略性矿产资源格局也在发生变化，各国对关键矿产资源，尤其是战略性新兴产业所需的矿产资源的争夺日益激烈。确保这些资源供应对国家经济和国防安全至关重要。

（二）霸权主义的威胁与挑战

当前国际关系中仍充斥着多种矛盾，霸权主义和强权政治使得和平与发展之路阻力重重，国际经济秩序尚存不公平与不合理。霸权主义国家基于超强实力，渴望主导国际事务，试图左右全球发展，干预其他国家经济事务，将自身标准强加于他国。比如，将经济关系政治化，对别国挑起贸易争端，加征关税，进行技术封锁，超出国际规则范围进行制裁等，侵害其他国家经济利益与安全。当今，霸权主义和强权政治仍然是一些国家特别是包括我国在内的发展中国家的外部威胁，严重威胁这些国家的经济安全。寻求多边合作，遵循国际规则，维护公平、稳定的国际经济秩序，才有利于促进全球经济繁荣与安全。

（三）经济逆全球化的威胁与挑战

21世纪以来，逆全球化现象在全球尤其是西方发达国家开始出现。经济逆全球化给中国经济安全带来了诸多威胁与挑战，表现为生产效率下降、有效需求不足、贸易保护主义上升以及产业链割裂等，这些问题导致我国经济增长放缓，对外贸易受阻。同时，逆全球化增加了我国经济对外关系的不确定性，增大了经济环境的波动性，降低了政策的可预见性。

四、维护经济安全的途径与方法

维护国家经济安全是确保人民对美好生活向往得以实现的重要举措，是全面建设社会主义现代化国家的战略要求，是推动经济高质量发展的前提条件，必须进一步维护国家经济安全，筑牢国家经济安全屏障。

（一）坚持中国共产党的领导，保证基本经济制度安全

维护国家经济安全首先是确保基本经济制度安全，我国的经济发展进入机遇和挑战并存的时期，我们必须坚持和加强党的全面领导，坚持中国特色社会主义道路，把党的领导落实到经济安全与经济发展的各方面各环节，构建高水平社会主义市场经济体制。坚持和完善社会主义基本经济制度，毫不动摇巩固和发展公有制经济，毫不动摇鼓励、支持、引导非公有制经济发展，充分发挥市场在资源配置中的决定性作用。深化国资国企改革，优化民营企业发展环境，完善中国特色现代企业制度，支持中小微企业发展。坚持按劳分配为主体、多种分配方式并存，构建初次分配、再分配、第三次分配协调配套的制度体系。坚持多劳多得，坚持和完善社会主义基本经济制度。

（二）健全国家经济安全法律制度体系

为了维护国家经济安全，我国制定了一系列法律和政策。以《中华人民共和国宪法》为根本法，制定了《中华人民共和国国家安全法》《中华人民共和国对外贸易法》《中华人民共和国种子法》《中华人民共和国食品安全法实施条例》《中华人民共和国节约能源法》《中华人民共和国可再生能源法》《中华人民共和国外商投资法》《中华人民共和国银行业监督管理法》《粮食流通管理条例》等，以此规范市场秩序，促进经济发展。

（三）统筹经济发展与经济安全

全面贯彻新发展理念，以深化供给侧结构性改革为主线，统筹经济发展和经济安全的关系，实现经济更高质量发展，促进经济安全。通过一系列政策举措，化解过剩产能，破除无效供给，强化科技创新，增强内生动力，加快动能转换，激发主体活力，降低实体经济成本，优化发展环境，有效改善供求关系和经济结构。贯彻新发展理念，大力推动创新、协调、绿色、开放、共享发展，以发展促安全，以安全保发展。

（四）强化经济安全风险预警、防控机制和能力建设

要维护经济安全，就要具备一定感知经济安全威胁的能力，并准确判断风险状态。一要感知、识别潜在威胁，从众多不确定性中找出威胁经济安全的主要因素，并对威胁级别排序。二要构建科学有效的安全识别方法和评估体系，对威胁因素产生的影响、威胁的紧迫性进行衡量和判断。三要建立安全风险预警机制，对国家宏观经济、重点行业领域进行监测分析，建立预警指标体系。通过大数据、云计算、多源数据融合及分析处理等技术，构建基于模拟仿真等科学手段的安全风险预警体系。

（五）着力提升粮食、能源、金融等领域安全发展能力

《中华人民共和国国民经济和社会发展第十四个五年规划和2035年远景目标纲要》

指出，强化国家安全经济保障，“着力提升粮食、能源、金融等领域安全发展能力”。树立“大食物观”，统筹粮食安全，深挖农业的高效生态潜能，提升食物供给质量，理顺食物供应链，保障人力支撑，充分利用好两个市场、两种资源。持续贯彻落实“四个革命、一个合作”能源安全新战略，立足我国国情和资源禀赋，以人民为中心强化民生用电保障，以高质量供给满足现代化需求，以系统观念推进能源绿色低碳转型，实施更大范围、更宽领域、更深层次的能源对外开放。深化金融改革，加强金融监管，强化安全能力建设，科学防范金融风险，不断提高金融业竞争力、抗风险能力和可持续发展能力。

（六）利用两个市场、两种资源，运用国际通行规则维护经济安全

2020年5月，中共中央政治局常委会会议首次提出“构建国内国际双循环相互促进的新发展格局”（以下简称“构建新发展格局”）。同年10月，党的十九届五中全会明确要求加快构建新发展格局。党的二十大报告要求“增强国内大循环内生动力和可靠性，提升国际循环质量和水平”。新发展格局必然要求更高水平的对外开放，以国内需求作为发展的出发点和落脚点，以国际循环提升国内大循环，更好地利用两个市场、两种资源，提升我国经济的国际竞争力。随着对外开放的不断深化，我国在引导多边区域经贸合作方向上也取得了积极的成效，我国推动达成《G20全球贸易增长战略》《G20全球投资指导原则》等，推动制定《2040年亚太经合组织布特拉加亚愿景》，发布《推进“一带一路”贸易畅通合作倡议》。未来我国仍要积极参与推动构建更高水平的国际经贸规则，构建多边经贸合作关系，为我国开放型经济发展注入强大动力。

实践与提升

节约粮食，从我做起

2020年9月29日是首个“国际粮食损失和浪费问题宣传日”，这是联合国粮食及农业组织设立的节日，以推动国际社会加快行动，减少粮食损耗和浪费。习近平总书记倡导全社会形成“厉行节约、反对浪费”新风尚，多次强调要制止餐饮浪费行为，推动建设节约型社会。

活动目标：

引导学生养成节约粮食的习惯，并掌握日常生活中节约粮食的办法。

活动准备：

扫描二维码，学习《个人节约粮食的方法》。

活动过程：

1. 分小组讨论，4—6人为一组，每人至少提出两点节约粮食的方法并进行记录。
2. 讨论并记录如何让水果和蔬菜保鲜更持久。
3. 记录这一周扔掉的食物。

节约粮食的方法有哪些

如何让水果和蔬菜保鲜更持久

这一周扔掉的食物有哪些

云课堂

扫描二维码，阅读《印度禁止小麦出口，再度敲响粮食安全警钟》。

任务评价

学生自评/互评表

班级：　　　　　　　　姓名：　　　　　　　　学号：

评价项目	评价标准	分值	自评	互评
学习态度	积极学习相关材料，认真完成作业和学习任务	15		
专业知识	了解国家经济安全的相关内容，掌握维护国家经济安全的途径和方法	20		
研讨精神	积极参加讨论，对其他人的发言能提出合理的分析和见解	15		
团队协作	能很好地融入小组讨论，共同推进学习进程	15		
信息素养	会检索文献，且能运用新媒体进行相关练习	15		
情怀素养	能做到厉行节约、反对浪费	20		
合计		100		

教师评价表

班级：　　　　　　　　姓名：　　　　　　　　学号：

<table>
<tr><th colspan="2">评价项目</th><th colspan="3">评价标准</th><th>分值</th><th>得分</th></tr>
<tr><td colspan="2">考勤</td><td colspan="3">无迟到、早退、旷课现象</td><td>5</td><td></td></tr>
<tr><td rowspan="8">专业知识</td><td rowspan="2">北粮南运相关知识</td><td colspan="3">能描述我国北粮南运的重要意义</td><td>15</td><td></td></tr>
<tr><td colspan="3">能列出我国的粮食主产区</td><td>10</td><td></td></tr>
<tr><td rowspan="3">分析《被美国打断的日本崛起》</td><td colspan="3">能分析美国是如何打断日本的崛起</td><td>10</td><td></td></tr>
<tr><td colspan="3">能理解美国打断日本崛起的本质</td><td>10</td><td></td></tr>
<tr><td colspan="3">针对性提出维护国家经济安全的途径与方法，能举一反三</td><td>10</td><td></td></tr>
<tr><td rowspan="3">节约粮食，从我做起</td><td colspan="3">掌握节约粮食的方法</td><td>10</td><td></td></tr>
<tr><td colspan="3">掌握让水果和蔬菜保鲜更持久的方法</td><td>10</td><td></td></tr>
<tr><td colspan="3">督促自己不浪费粮食</td><td>10</td><td></td></tr>
<tr><td colspan="2">综合表现</td><td colspan="3">课堂表现好，积极参与讨论和学习，学习效果好</td><td>10</td><td></td></tr>
<tr><td colspan="5">合计</td><td>100</td><td></td></tr>
<tr><td colspan="2" rowspan="2">综合评价</td><td>学生自评（20%）</td><td>小组互评（30%）</td><td>教师评价（50%）</td><td colspan="2">综合得分</td></tr>
<tr><td></td><td></td><td></td><td colspan="2"></td></tr>
</table>

任务二　新型安全　国之利益

任务描述

新型领域安全是国家安全的新的构成内容，加快推进新型领域安全建设，事关国家安全、国家利益和未来发展。

1. 分小组讨论案例《新时代北斗精神》，完成工作表单1。

2. 分小组讨论案例《严控外来物种入侵》，完成工作表单2。

任务准备

1. 分小组，4—6人为一组，选定小组长或主持人。

2. 了解中国北斗卫星导航系统和外来物种相关知识。

任务实施

工作表单1

新时代北斗精神

2020年7月31日，北斗三号全球卫星导航系统建成暨开通仪式在北京举行，标志着中国建成了独立自主、开放兼容的全球卫星导航系统，中国北斗从此走向了服务全球、造福人类的时代舞台。一代代航天人孕育了“自主创新、开放融合、万众一心、追求卓越”的新时代北斗精神。2021年9月，新时代北斗精神被纳入中国共产党人精神谱系第一批伟大精神中。

了解并简述北斗卫星导航系统研发故事，感悟新时代北斗精神

说一说北斗卫星导航系统对我们生活、工作的影响

工作表单2

严控外来物种入侵

2023年2月，南京海关在对一批入境国际邮件检查时，发现里面竟然是378只活蚂蚁。经过鉴定，这些蚂蚁属于禁止入境物，一旦放到野外，将给生态环境、农林生产造成不良影响。2020年数据显示，我国已发现660多种外来入侵物种，威胁着我国的物种和生态系统，对我国生态安全造成或具有潜在威胁。2023年中央一号文件明确提出，严厉打击非法引入外来物种行为，实施重大危害入侵物种防控攻坚行动。

查阅资料并了解入侵我国的外来物种，手绘入侵物种（至少2种）	
分析该入侵物种对我国生态安全的影响	
面对非法携带外来物种入境行为，我们应该怎么做	

习语金句

坚持党中央对国家安全工作的集中统一领导，完善高效权威的国家安全领导体制。强化国家安全工作协调机制，完善国家安全法治体系、战略体系、政策体系、风险监测预警体系、国家应急管理体系，完善重点领域安全保障体系和重要专项协调指挥体系，强化经济、重大基础设施、金融、网络、数据、生物、资源、核、太空、海洋等安全保障体系建设。健全反制裁、反干涉、反“长臂管辖”机制。完善国家安全力量布局，构建全域联动、立体高效的国家安全防护体系。

——2022年10月16日，习近平在中国共产党第二十次全国代表大会上的报告

任务分析

新型领域是拓展国家利益的新领域,是驱动国家创新的新引擎,是巩固国家安全的新支柱。

一、新型领域安全的重要性

新型领域安全是维护国家安全的新领域,是相对传统领域而言的、具有鲜明时代特征的、与国家未来利益和发展战略相关的安全。

(一)新型领域是拓展国家利益的新领域

新型领域,如太空、深海、极地、生物等为我国经济发展贡献了新的增长点,同时也推动了新的产业链形成。

(二)新型领域是驱动国家创新的新引擎

大国竞争的核心是科技的竞争,新型领域的发展离不开多学科与技术的高度融合与发展,维护新型领域安全必然为当代科学技术发展提供源源不断的动力,引发新一轮大规模科学技术涌现。同时,新型领域的发展也将带动新材料、智能化、导航应用等的发展,并反哺国民生活。

(三)新型领域安全是巩固国家安全的新支柱

世界各国相继将太空安全、深海安全、极地安全和生物安全纳入国家安全范畴。2015年7月,《中华人民共和国国家安全法》正式施行,为我国的新型领域国家安全提供法律支撑。2020年,教育部印发了《大中小学国家安全教育指导纲要》,明确将太空、深海、极地和生物四个领域纳入国家安全教育的内容。新型领域安全支撑传统安全、非传统安全的作用持续增加。新型领域安全在构建国际安全新秩序中的作用日益显现。

二、新型领域安全的主要内容

新型领域安全是人类未来生存发展的新领域,主要包括太空安全、深海安全、极地安全、生物安全等。

(一)太空安全

太空是国际战略竞争制高点,是国家建设和社会发展的战略保障。太空安全包含

"四个状态和一个能力",分别是国家天空资产和人员不受威胁和损害、太空进出和利用等活动不受干扰和破坏、太空发展权益不受压制、国家其他重大利益不受来自太空威胁和损害的状态,以及保障持续安全状态的能力。中国"飞天"的梦想和探索从未间断,几千年前就流传着嫦娥奔月等动人的传说,1970年中国成功发射第一颗人造卫星"东方红一号",标志着中国正式迈入探索太空起步阶段。探索浩瀚宇宙,发展航天事业,建设航天强国,是我们不懈追求的航天梦,经过几代航天人的接续奋斗,我国航天事业创造了以"两弹一星"、载人航天、月球探测为代表的辉煌成就。

(二)深海安全

国际海底是指国家管辖海域范围(领海、专属经济区和大陆架)以外的海床和洋底及其底土。我国对超出200海里的外大陆架仍具有管辖权。国际海底应全属于深海的范畴,是构成深海海底的主要部分。深海是地球表面最大的生态系统之一,包括水体、海底和生物多样性,同时也是许多重要资源的储存地。深海安全涉及对深海环境、资源和活动的保护和管理,以确保人类和生态系统在深海领域的可持续利用和健康发展。我国坚持和平探索和利用国际海底区域,增强安全进出、科学考察、开发利用的能力,加强国际合作,维护我国在国际海底区域的活动、资产和其他利益的安全。

(三)极地安全

极地包括地球上的南极和北极,由于地理位置特殊、资源能源富集、战略价值独特,极地研究与开发成为许多国家的重要国家战略。由于受到《南极条约》的约束,各国只能在南极勘探资源而不能开采,现已在南极发现了220多种矿产资源。1984年2月,王富葆、孙鸿烈等32位中国科学家联名向党中央建议在南极洲进行科学考察。随后,我国首支南极科学考察队成立。1985年2月,中国第一个南极科学考察站—长城站建成,此后,中山站、昆仑站和泰山站相继建成。与此同时,对北极的考察也在持续推进中,截至2022年底,我国极地考察船已在北极东北航道通行56个航次。中国已建立起完善的极地立体检测体系,打造"两船、六站、三飞机、一基地"的极地考察保障格局。国家坚持和平探索和利用极地,增强安全进出、科学考察、开发利用的能力,加强国际合作,维护我国在极地的活动、资产和其他利益的安全。

(四)生物安全

为了维护国家安全,防范和应对生物安全风险,保障人民生命健康,保护生物资源和生态环境,促进生物技术健康发展,推动构建人类命运共同体,实现人与自然和谐共生,2021年4月15日《中华人民共和国生物安全法》正式实施。该法明确规定,生物安全，是指国家有效防范和应对危险生物因子及相关因素威胁，生物技术能够稳定健康发展，人民生命健康和生态系统相对处于没有危险和不受威胁的状态，生物领域具备维护国家安全和持续发展的能力。

三、新型领域安全面临的威胁与挑战

（一）太空安全面临的威胁与挑战

1.自然因素影响

引力场、电离层、科研生产基地等自然因素都会影响太空安全。极端天气会影响航天器正常入轨。航天发射架、运载火箭都是放电物，极易遭受雷击，因此雷电会危及发射安全。降雨噪声、雷电等会影响卫星通信。

2.太空碎片危机

太空碎片是太空中人造物体废弃或损毁后形成的“太空垃圾”，大量滞留在地球空间轨道上，形成了包围地球的碎片云。目前滞留在太空的碎片约60万件。随着卫星、火箭等太空物体的增加，太空中的碎片也在不断累积，形成了碰撞的威胁。碰撞可能导致卫星毁坏，加剧碎片问题，并对太空设施和人员安全造成影响。同时，太空活动，例如发射火箭产生的排放物、卫星退役后的残骸等会对地球和太空环境造成不良影响。

3.太空武器化、军事化危机

早在2018年，美国时任副总统彭斯就宣称，美国要像主导地球一样主导太空。美国以所谓他国威胁为借口扩张自身军力，将太空界定为“作战疆域”，研发部署进攻性太空武器，组织军事攻防演习和技术实验，甚至恶意跟踪并危险抵近别国航天器，制造太空物体碰撞风险，已成为太空军事化、战场化的最大推手和太空安全的最大威胁。

（二）深海安全面临的威胁与挑战

1.资源的过度开发

深海蕴含着大量的矿产、能源和生物资源，如多金属结核、油气、蛋白质资源等。但资源的开发可能对深海生态系统造成损害，如海底拖网捕鱼对海底生态的破坏，油气开采可能引发海水污染。深海是许多独特生物种类的栖息地，但深海生物对环境变化的适应能力较弱，不适当的人类活动可能导致深海生物多样性的丧失。

2. 生活废弃物的污染

深海环境容易受到来自陆地和海上活动的污染物的影响，如塑料垃圾、化学物质等。深海中的污染可能对生态系统和生物体造成损害，长此以往影响可持续发展。

3. 气候变化的影响

气候变化对深海也有影响，如海平面上升、海洋酸化等。这些变化可能影响深海生态系统的稳定性和功能。

（三）极地安全面临的威胁与挑战

1. 气候变化与冰融化

极地是气候变化的主要受害地之一，气温上升导致冰层融化，海平面上升，极地生态系统受到严重威胁。气候变化可能导致极地更频繁的自然灾害，如冰崩、海啸等。

2. 环境污染

极地的环境污染主要来自远距离传输的大气污染物和海洋污染物。这些污染物可能在气候变化的影响下被释放，影响生态系统的健康，甚至进入食物链对人类和动物健康造成威胁。

3. 资源竞争与地缘政治

极地蕴藏着丰富的自然资源，包括石油、天然气、矿产等。随着冰层融化，这些资源的开采变得更加可行，一些国家因为国际竞争或地缘政治而进行极地资源开发。

4. 生态系统脆弱性

极地的生态系统通常较为脆弱，不同程度上适应气候变化和环境变化的能力有限。外来物种入侵、生态平衡破坏等都可能对极地生态系统造成不可逆转的影响。

（四）生物安全面临的威胁与挑战

1. 外来生物入侵

外来物种可能在新环境中繁殖、扩散，对当地生态系统造成破坏。它们可能传播疾病，甚至引发其他物种灭绝。入侵物种的扩散会削弱生态平衡，对农业、林业、渔业等经济产业产生负面影响。

2. 生物安全事故

实验室事故或操作不当可能导致病原微生物泄漏，对环境和人类健康构成威胁。此外，生物恐怖主义活动可能导致有害生物或疾病的恶意传播，造成广泛危害。同时，新兴生物技术可能被滥用，用于创造危险的生物体或病原体。

四、维护新型领域安全的途径与方法

维护新型领域安全，应秉持共同开发、共同利用、共同管理的基本原则。我国要加快推进新型领域安全能力建设，为维护国家安全利益、和平利用新型领域提供重要支撑。

（一）强化顶层设计

在推进新型领域安全方面，要进行整体规划和战略设计，确保该领域的安全问题得到有效管理和应对。积极加入新型领域国际公约，如《外太空公约》《联合国海洋法公约》等，这些公约为国际社会明确了行为规范，维护了国际安全和合作的基础，也为我国新型领域安全建设奠定了基础。为维护新型领域安全，我国已制定如《中华人民共和国海洋环境保护法》《中华人民共和国生物安全法》《中华人民共和国民用航空法》《南极考察活动行政许可管理规定》等法律和规范性文件。

（二）强化科技创新和人才培养

党的二十大报告提出，“教育、科技、人才是全面建设社会主义现代化国家的基础性、战略性支撑”。制定并实施人才培训计划，培养有关新型领域安全的专业人才，包括技术人才、法律人才、政策人才等，建立政府、高校、研究机构之间的合作机制，促进人才培养和科研成果转化，建强新型领域人才培养体系。设立专门的研究基地、实验室或中心，政府、高校、企业等建立合作平台，促进产学研合作，进一步提升新型领域科技创新能力。

（三）强化国际合作

以“人类命运共同体”为主旨推进新型领域安全国际合作，通过多渠道增进合作，建立国际合作平台；与相关国家建立双边合作机制，开展国际合作研究，开展科研成果等信息交流、技术共享活动；参与制定国际规范和标准，共同建立新型领域安全国际准则，构建互利共赢、可持续发展的新型领域安全合作环境。

实践与提升

太空电梯畅想

《流浪地球2》中，太空电梯替代火箭将人类送往太空。其实，太空电梯不仅仅是《流浪地球2》的“狂想”。20世纪初，俄罗斯“航天之父”康斯坦丁·齐奥尔科夫斯基也曾提出这样的梦想，就是从地面上建造一座塔，内设电梯，直达地球同步轨道，人们通过搭乘电梯便可进入外太空。

活动目标：

通过畅想设计太空电梯，激发创新意识，培养工程思维和科学精神。

活动准备：

学习太空探索相关知识，并从中受到启发。

活动过程：

1. 分小组，4—6 人为一组，讨论设计太空电梯方案。
2. 手绘设计图并汇报展示。
3. 学生自评、互评，老师点评。

太空电梯设计图：

云课堂

扫描二维码,阅读《朱李忠:“极地测绘,再苦也去!”》。

任务评价

学生自评/互评表

班级: 姓名: 学号:

评价项目	评价标准	分值	自评	互评
学习态度	积极学习相关材料,认真完成作业和学习任务	15		
专业知识	了解新型领域安全的相关内容,掌握维护新型领域安全的途径和方法	20		
研讨精神	积极参加讨论,对其他人的发言能提出合理的分析和见解	15		
团队协作	能很好地融入小组讨论,与组内成员沟通顺畅,共同推进学习进程	15		
信息素养	会检索文献,且能运用新媒体进行相关练习	15		
情怀素养	以航天人为榜样,弘扬自主创新、开放融合、万众一心、追求卓越的精神,培养科学思维	20		
	合计	100		

教师评价表

班级： 姓名： 学号：

<table>
<tr><th colspan="2">评价项目</th><th>评价标准</th><th>分值</th><th>得分</th></tr>
<tr><td colspan="2">考勤</td><td>无迟到、早退、旷课现象</td><td>10</td><td></td></tr>
<tr><td rowspan="7">专业知识</td><td rowspan="2">新时代北斗精神</td><td>了解北斗研发相关故事，并能进行简述</td><td>10</td><td></td></tr>
<tr><td>能说出北斗卫星导航系统对我们工作、生活等的影响</td><td>10</td><td></td></tr>
<tr><td rowspan="3">严控外来物种入侵</td><td>能准确绘制2种及以上外来物种</td><td>10</td><td></td></tr>
<tr><td>能准确分析外来物种对我国生态环境的影响</td><td>10</td><td></td></tr>
<tr><td>能说出应对外来物种入侵的方法与途径</td><td>10</td><td></td></tr>
<tr><td rowspan="2">太空电梯畅想</td><td>设计严谨，构思巧妙，体现科学性，组内分工合理</td><td>15</td><td></td></tr>
<tr><td>汇报吐字清晰，声音洪亮，表达准确、自然，语速恰当</td><td>15</td><td></td></tr>
<tr><td colspan="2">综合表现</td><td>课堂表现好，积极参与讨论和学习，学习效果好</td><td>10</td><td></td></tr>
<tr><td colspan="3">合计</td><td>100</td><td></td></tr>
</table>

综合评价	自评（20%）	互评（30%）	教师评价（50%）	综合得分

项目十一

千年华夏“续”

知识目标

1. 熟悉文化安全和科技安全的主要内容与相关知识。

2. 理解文化安全和科技安全存在的威胁与挑战。

3. 掌握维护文化安全和科技安全的途径与方法。

技能目标

1. 提升辨别和抵御外来文化糟粕的能力。

2. 具备通过知识产权保护等方法保护文化、科技创新的能力。

素质目标

1. 树立对文化遗产和科技安全的保护意识，增强民族自豪感和认同感。

2. 传承红色精神，发扬革命精神，激发创新思维。

导　言

文化、科技安全是国家安全的重要组成部分，维护文化安全和科技安全成为促进我国发展的重要策略，也是构建社会主义文化强国、科技强国的基础。让我们从中国共产党人精神谱系中汲取奋进力量，传承创新，自立自强。

知识图谱

- 千年华夏“续”
  - 优秀文化传承创新
    - 文化安全的重要性
    - 文化安全的主要内容
    - 文化安全面临的威胁与挑战
    - 维护文化安全的途径与方法
  - 科技强国自立自强
    - 科技安全的重要性
    - 科技安全的主要内容
    - 科技安全面临的威胁与挑战
    - 维护科技安全的途径与方法

任务一 优秀文化 传承创新

任务描述

文化安全是国家安全总体布局的重要组成部分。《中华人民共和国国家安全法》第二十三条规定：“国家坚持社会主义先进文化前进方向，继承和弘扬中华优秀传统文化，培育和践行社会主义核心价值观，防范和抵制不良文化的影响，掌握意识形态领域主导权，增强文化整体实力和竞争力。”

1. 分小组学习《一双筷子，几多文化》，完成工作表单1。
2. 分小组观看《筷子》宣传广告，完成工作表单2。

任务准备

1. 明确主题、任务与内容，做好预习。
2. 分小组，选定小组长或主持人。

任务实施

工作表单1

通过扫描二维码和查阅资料进行学习讨论，完成下表。

筷子的起源	
筷子的别称	
筷子的形状	
筷子的长度	
筷子的材质	
筷子的科学性	

工作表单2

扫描二维码观看视频，完成下表。

序号	省份	使用方言	故事背景	象征寓意	视频时长
1					
2					
3					
4					
5					
……					

习语金句

坚定文化自信，是事关国运兴衰、事关文化安全、事关民族精神独立性的大问题。

——2016年11月30日，习近平在中国文联十大、中国作协九大开幕式上的讲话

任务分析

文化作为人类文明的宝库，伴随着社会的发展不断进步，是国家长治久安的支撑。多元外来文化给我国社会主义文化带来正负两方面的影响，在这一背景下，深刻理解总体国家安全观中的文化安全，坚定文化自信，将有助于在不断变化的国际环境中维护国家的文化身份，为国家安全做出贡献。

一、文化安全的重要性

维护文化安全，是为国家的独立、尊严和稳定奠定坚实的文化基础。只有在充分认识文化安全对国家的重要意义后，才能更好地坚定文化自信，推动文化进步与发展。

（一）文化是凝聚民族精神的纽带

文化是凝聚民族精神的纽带，也是国家的历史根基。一个国家、一个民族的繁荣，必须以文化的繁荣为基础。中华文化源远流长，承载着中华民族的精髓，构建着独特的价值观体系。中华优秀传统文化深刻在中国人的基因里，影响着中国人的思维和行为方式。中华优秀传统文化是实现中华民族伟大复兴的基石，也是培育社会主义核心价值观的根源。

国家的稳定和发展需要人民的凝聚力，而人民的凝聚力来自对本国文化的认同和信仰。在全球化的今天，文化的交流与融合日益频繁，文化侵蚀和同质化的风险也日益增加。如果不能有效保护本国文化，我们就面临着文化传承的断裂，以及文化自信的丧失，危及国家安全。

（二）文化安全是固本强国的基础

主权独立不仅仅指政治主权的独立，还指文化主权的独立。文化主权是国家主权在文化领域的体现，特别在全球化的进程中，文化的作用越来越突出。独立处理文化事务和保护文化利益的文化主权成为国家主权的重要组成部分。在全球化的今天，某些国家为了维护自己的利益，不断进行文化扩张和渗透，向别国输出扭曲的文化价值，以此达到霸权的目的。若我国的文化安全无法得到保障，主流意识形态必然会受到侵蚀，人们的文化认同度会降低，进而可能引发政治层面的不稳定。因此，文化安全事关国运兴衰。

（三）文化安全是进行国际博弈与竞争的软实力

文化软实力作为综合国力的一部分，展现了一个国家基于文化所具备的凝聚力、生命力，以及由此产生的吸引力和影响力。提升文化软实力、维护文化安全，不仅影响当前局势，更关系着国家的长远发展。文化软实力不仅是一个国家在国际竞争中的竞争力，也是国家凝聚力和影响力的体现。通过文化的传播和影响，一个国家能够在国际社会中塑造自身的形象，吸引外界的目光，进而为国家的长远发展创造更有利的环境。因此，提升文化软实力和维护文化安全不仅在国际竞争中具有重要意义，也在维护国家的整体利益和发展方向上具有重大影响。

二、文化安全的主要内容

文化安全是国家安全的重要组成部分，是一个国家的文化相对稳定、没有面临内外威胁和危险的状态，也包括保障这种安全状态的能力。

（一）国家文化主权独立

文化主权主要是指以文化为主体的国家权力，是国家整体主权的重要组成部分。国家文化主权包括捍卫国家的文化立法权、文化管理权、文化选择权和文化交往权等方面的独立性和自主性。从我国的文化安全来看，其内容主要包括独立自主地选择文化发展道路与政策，防止文化“全盘西化”，保障我国文化权益和推动文化发展。只有在保障文化主权的基础上，我们才能真正捍卫国家文化安全，保护和传承文化遗产，进行文化创新，推动国家的繁荣昌盛。

（二）中华优秀传统文化、革命文化、社会主义先进文化安全

1. 中华优秀传统文化

中华优秀传统文化是中华民族在几千年历史发展中积累下来的宝贵财富，具有鲜明的民族特色、悠久的历史和丰富的内涵，是不同文化形式所表达的各种思维方式、价值取向、道德规范、生活方式、审美情趣的总和。在全球化的浪潮下，在传承中进行创新，与时俱进，将中华优秀传统文化的精髓与现实生活相结合，体现文化的时代性和创新性。只有坚定地维护、传承和发扬中华优秀传统文化，才能保持其独特性，让中华优秀传统文化在当今世界绽放光彩，为人类文明的多样性和繁荣做出贡献。

2. 革命文化

革命文化是中国共产党领导人民在革命、建设、改革的历史进程中创造的，是革命、建设、改革实践中孕育形成的所有物质文化和精神文化的总和。革命文化既是中华民族革命斗争历史的高度文化凝聚，也是中国精神在革命年代的主要表现形式。要从革命文化中汲取智慧和力量，理解中国人民顽强不屈、坚韧不拔的民族气节和英雄气概，培育热爱国家、服务人民的情怀。

3.社会主义先进文化

社会主义先进文化是在中国共产党领导人民推进中国特色社会主义伟大实践中，在马克思主义指导下形成的面向现代化、面向世界、面向未来的，民族的科学的大众的社会主义文化，代表着时代进步潮流和发展要求。它弘扬社会主义核心价值观，推动全社会形成文明、和谐、创新、向上的文化氛围。在建设社会主义现代化强国的进程中，社会主义先进文化扮演着重要角色，是引导人们形成正确价值观的重要标杆，也是培养公民素质、推进社会文明的基础。社会主义先进文化通过各种文化载体，助力国家向着更加繁荣富强的目标不断迈进。

（三）文化价值观安全

文化安全的核心内容就是坚定的文化价值观。文化价值观作为一个民族的精神纽带，承载着国家的共同思想道德基础，其安全性体现在文化认同和文化自信上。文化认同本质上是价值认同。文化自信则体现在对本国文化价值的充分肯定和积极践行上。文化认同是民族认同的基础，文化自信是文化安全的本质，共同形成互为支撑的统一体。这种统一体现在文化的自觉和自强中，贯穿于文化建设的全过程。坚定的文化价值观是文化安全的关键。通过文化认同和文化自信的相互支持，我们能够更好地建设文化强国，实现国家的全面发展和民族的振兴。

三、文化安全面临的威胁与挑战

每个时代都有各自的文化安全主题，我们需要深刻理解新时代我国文化安全所面临的威胁和挑战，为维护国家文化安全而努力。

（一）西方腐朽文化的侵蚀

不同文化之间的交流与对话是增进相互理解和尊重的重要途径。西方文化作为人类文明的重要组成部分，拥有其独特的思想、艺术、科学价值。在交流互鉴中，我们应该积极吸收和借鉴西方文化中那些对人类文明进步有积极贡献的成果。同时，我们应该加强文化自信，提高文化素养和鉴别能力，自觉抵制西方腐朽文化的侵蚀。只有如此，我们才能在世界文化的交流中保持自己的独特性和尊严，真正维护国家文化安全，为全球文化多样性做出贡献。

（二）不良文化的威胁

1.低级、庸俗和享乐主义的威胁

受低级、庸俗和享乐主义影响，一部分国民滋生了贪图安逸、追求享乐的思想，过于追求物质和感官刺激，而忽视对优秀传统文化的认知和传承。

2.不良网络文化的威胁

随着信息技术的飞速发展，网络成为宣传思想文化的主要媒介，而一些不法分子却利用网络传播淫秽色情和低俗信息，西方一些国家通过互联网对我国进行文化渗透等，进一步加剧了对我国文化安全的威胁。虚假信息和不良文化对维护文化安全构成了更大的挑战。

（三）优秀传统文化的传承、保护与创新不足

伴随着我国社会的飞速发展，中华优秀传统文化不断受到多种思想文化的冲击，加上一些人对中华优秀传统文化精神内核认识不足、对内涵把握不够，盲从外来文化，导致对中华优秀传统文化的传承、保护与创新不足。优秀传统文化传承和创新不足，也使我国文化安全面临挑战。

四、维护文化安全的途径与方法

在新时代大背景下，我国的文化安全保障工作需要与时俱进。

（一）防范和抵制不良文化的影响

在坚持包容开放文化交流原则的同时，要加强文化市场的监管，防止不良内容的传播。通过法律手段加强文化阵地的规范管理，提高维护文化安全的法治水平。加强“扫黄打非”专项行动，严厉惩戒危害文化安全的违法犯罪活动。实施网络内容建设工程，加强网络舆论监督管理工作，净化网络环境，整治低俗和谄媚的网络文化。加强文化认同教育，通过教育让年轻一代了解本国的历史文化，增强对本国文化的认同感和自豪感。

（二）培育和践行社会主义核心价值观

社会主义核心价值观的培育和践行对增强文化安全具有重要意义。正确把握社会文化的主流价值和道德标准，加强社会主义核心价值观教育，弘扬文化安全的主流价值观，通过舆论导向的正确引领，塑造积极向上的舆论环境，提升主旋律，弘扬正能量，让人们在正义、和谐、法治的价值观中找到归属感。社会主义核心价值观的培育与践行应注重宣传教育、示范引领和实践活动相结合。通过各级党委、政府的重视，将社会主义核心价值观融入国民教育全过程，以引领社会文化，建设和谐文化阵地。

（三）提升文化自信，实现文化自强

充分挖掘中华民族传统文化的宝贵资源，将优秀传统文化精髓融合于大力发展的

文化事业和文化产业中，通过多种途径引导人们深入了解中华优秀传统习惯、风土人情等，从中汲取道德滋养。完善文化管理制度，激发全民族的文化创造活力，以推动文化产业的蓬勃发展。加强文化遗产保护与利用，推动文化旅游产业发展，让更多人了解和参与传统文化的传承和发展，提升文化自信，实现文化自强。

（四）加强文化创新与国际交流

在新时代，文化创新已成为驱动文化发展的核心力量，推进文化创新与国际交流是建设社会主义文化强国的重要手段。创新文化形态，充分利用现代科学技术将民族传统文化与现代信息技术、新兴文化载体相结合，构建新的民族文化形态。鼓励人们在创新中继承传统文化，在文化创新中展现中华文化的活力，为国家的文化安全提供坚实支持。文化创新与国际交流相辅相成，在推进文化创新的过程中，要积极借鉴国际先进经验，吸收外来文化的精华，促进中外文化的交流互鉴。加强国际文化交流，不仅能够拓宽视野，还能够增强我国的文化影响力。

实践与提升

探索文化宝藏：发现身边的文化遗产

探索本地区的世界文化遗产、非物质文化遗产、红色文化遗产和地域特色文化等，用电脑或者图纸制作“探索地图”，小组讨论并选出其中三项进行宣传。

活动目标：

增进对居住地的特色文化的认识，培养对地域文化宝藏的探索兴趣和保护意识。

活动准备：

准备绘制“探索地图”所需的材料，如纸张、笔、电脑等。

活动过程：

1. 小组合作：查找资料并绘制“探索地图”（至少包括3个目的地）。
2. 小组展示：讲解探索到的文化宝藏。
3. 小组自评、互评，老师点评。
4. 记录三个小组的分享情况，完成下表。

序号	小组名	题目	分享内容	属于什么类型	小组创意、特色、亮点
1					
2					
3					

云课堂

扫描二维码，阅读《传承红色基因与国家文化安全》。

任务评价

学生自评/互评表

班级：　　　　　　　　姓名：　　　　　　　　学号：

评价项目	评价标准	分值	自评	互评
学习态度	遵守学习纪律，按时完成作业，主动查阅老师要求掌握的学习内容	15		
专业知识	了解文化安全的相关内容，掌握维护文化安全的途径和方法	20		
研讨精神	积极参加讨论，对其他人的发言能提出合理的分析和见解	15		
团队协作	能很好地融入小组讨论，与组内成员沟通顺畅，共同推进学习进程	15		
信息素养	具备检索相关文献的能力，能合理运用新媒体进行文化宣传	15		
情怀素养	培养对文化遗产的保护意识，增强文化自信和对优秀传统文化的传承	20		
合计		100		

教师评价表

班级：　　　　　　　　姓名：　　　　　　　　学号：

<table>
<tr><th colspan="2">评价项目</th><th colspan="3">评价标准</th><th>分值</th><th>得分</th></tr>
<tr><td colspan="2">考勤</td><td colspan="3">无迟到、早退、旷课现象</td><td>5</td><td></td></tr>
<tr><td rowspan="7">专业知识</td><td rowspan="2">学习《一双筷子，几多文化》</td><td colspan="3">能准确找到筷子的相关知识答案</td><td>10</td><td></td></tr>
<tr><td colspan="3">学习与筷子相关的文化</td><td>15</td><td></td></tr>
<tr><td rowspan="2">学习公益广告视频《筷子》</td><td colspan="3">能正确理解视频所表达的文化理念</td><td>15</td><td></td></tr>
<tr><td colspan="3">能举一反三地说出其他文化传承的案例</td><td>15</td><td></td></tr>
<tr><td rowspan="3">发现身边的文化遗产</td><td colspan="3">能准确理解世界文化遗产、非物质文化遗产和红色文化遗产的定义和文化价值</td><td>10</td><td></td></tr>
<tr><td colspan="3">能积极参与小组讨论，成员之间相互尊重和协作，共同完成任务</td><td>10</td><td></td></tr>
<tr><td colspan="3">能清晰表达对世界文化遗产、非物质文化遗产、红色文化遗产等的认识，反思和总结自己在活动中的收获和成长</td><td>10</td><td></td></tr>
<tr><td colspan="2">综合表现</td><td colspan="3">课堂表现好，能积极参与讨论和学习，学习效果好</td><td>10</td><td></td></tr>
<tr><td colspan="5">合计</td><td>100</td><td></td></tr>
<tr><td colspan="2" rowspan="2">综合评价</td><td>自评（20%）</td><td>互评（30%）</td><td>教师评价（50%）</td><td colspan="2">综合得分</td></tr>
<tr><td></td><td></td><td></td><td colspan="2"></td></tr>
</table>

任务二　科技强国　自立自强

任务描述

科技安全关系到每个人的日常生活，关系到经济发展和社会稳定。维护科技安全，推动科技发展，使其为国家的繁荣稳定贡献力量。

1.完成问卷调查。

2.学习《美限制对华投资 聚焦三类“力量倍增器”科技》，完成工作表单2。

任务准备

1.分小组，推荐组长。

2.合理安排时间，提前学习及查找相关资料。

任务实施

工作表单1

扫描二维码，完成问卷调查。

工作表单2

扫描二维码观看视频、阅读并分析材料，完成下表。

视频中的投资限制措施是基于什么目的而提出的

选择半导体、人工智能、量子计算中的一个领域，通过查询资料了解该领域的重要性、未来发展趋势，以及在我们日常生活中的运用情况

习语金句

坚持面向世界科技前沿、面向经济主战场、面向国家重大需求、面向人民生命健康，加快实现高水平科技自立自强。

——2022年10月16日，习近平在中国共产党第二十次全国代表大会上的报告

任务分析

科技安全在保障国家的竞争力方面发挥着重要作用，也是国家安全的重要组成部分。维护科技安全成为维护国家安全的当务之急。

一、科技安全的重要性

科技安全在国家安全体系中占据重要地位，我们要深入学习科技安全相关内容，积极参与科技创新，为维护我国的科技安全做出贡献。

（一）科技安全是国家安全的重要标志

在现代社会，科技不仅仅是一种生产力，更是国家综合实力的重要体现。新中国成立以来，党和国家始终高度重视科技事业的发展，科技在国家建设和发展中扮演着举足轻重的角色。科技安全被纳入国家安全战略框架，这不仅是对科技本身的保护，

更是对国家全面安全的综合考量。科技在支撑发展、维护国家安全、推动中华民族伟大复兴的历史征程中发挥着不可替代的作用，凸显了科技安全是国家安全的重要标志这一特性。

（二）科技安全是保障国家安全的技术条件

科技安全不仅关乎科学技术体系本身的安全，更涉及科技系统与其他相关系统的相互作用，决定了国家安全的态势。科技安全体现在国家安全的诸多方面，如军事安全、经济安全、社会安全、信息安全、核安全等。科技安全的重点随着科技的发展而不断变化。科技安全为保障国家安全提供了坚实的基础，对各领域安全的支撑作用不可忽视。在新时代，加强科技自主创新、维护科技安全，已成为科技工作和总体国家安全的战略任务。

（三）科技安全是维护国家利益的基础

科技安全可以使国家在面对外部挑战时能够稳定掌握核心技术，确保国家核心利益和安全不受侵害。在新时代，我们必须高度重视科技安全，通过实施创新驱动发展战略，加强科技自主研发，强化核心技术的掌握能力，保障国家在全球竞争中的地位和优势。在实现国家利益的同时，为世界和平与发展做出更大的贡献。

二、科技安全的主要内容

科技安全涵盖多个方面的内容，主要有科技人才安全、科研设施设备安全、科技活动安全、科技成果转化应用安全等。

（一）构建高素质的科技人才队伍

科技人才不仅是掌握专门知识和技能的人，更是以创造力和探索精神为特征，为科学技术发展和人类进步做出巨大贡献的人。人才是科技强国建设的重要基础与保障，是未来竞争的关键，也是我国经济社会高质量发展的重要支撑。习近平总书记强调："深入实施新时代人才强国战略，全方位培养、引进、用好人才，加快建设世界重要人才中心和创新高地。"只有确保科技人才的数量和质量，才能够满足国家发展需要。

（二）保障先进的科研设施设备

科学研究设施设备的范围涵盖了大型科研装置、科研仪器中心、科研仪器服务单元等，它们是推动科学创新和技术发展的基础和支撑，为科学研究提供了必要的工具和条件。注重科研设施设备的安全和保护，加强先进设施设备研发、购置的经费投入，为国家科技安全提供坚实保障。只有在科研设施设备充分发挥作用的基础上，我们才能在科技创新的道路上稳步前行，不断取得新的突破和进展。

（三）开展多方位安全的科技活动

科技活动涵盖了广泛的领域，从科技情报获取到知识产权保护，从研究开发活动到科技伦理、科技成果转换等，都是科技安全的重要组成部分。确保科学数据安全、进行知识产权保护、保守科技秘密及进行科技安全审查等，也是科技活动中的重要环节。科学数据是科研的基础支撑，保护知识产权有助于激发创新活力，而科技秘密的保护关系着国家安全，科技安全审查则确保科技活动在安全范围内进行。

（四）合理的科技成果转化应用

科技成果是通过智力劳动创造的具有学术和（或）经济价值的知识产品，涵盖基础研究成果、应用研究成果等。将科技成果通过试验、开发、应用和推广等活动，转化为新产品、新工艺、新材料，可进一步推动产业发展，促进生产力发展和社会经济发展。

三、科技安全面临的威胁与挑战

在国家一系列政策的支持下，我国在科技事业方面取得了一系列显著成果，缩小了与发达国家在高科技领域的差距。然而，从整体上看，我国的科技发展水平还需提升，科技安全仍然存在着威胁和挑战。

（一）科技对社会伦理的挑战

在新一轮科技革命和产业变革中，人工智能、合成生物、基因编辑等前沿科技正以前所未有的速度发展，然而这些技术也对社会伦理带来了冲击。同时，区块链、大数据、云计算等技术的崛起也给信息安全、网络安全和金融安全带来了极大的挑战。在这种背景下，科技安全面临着新的挑战。科技发展使国家安全的范围扩展到了更广阔的领域，外部安全与内部安全、传统安全与非传统安全相互交织。

（二）科技自主创新能力不足

科技自主创新能力直接关系到一个国家的技术创新水平和竞争力。我国在某些尖端技术领域已经具备世界领先水平，从“神舟”系列飞船的升空到“嫦娥”探月，再到“蛟龙”深海探险，这些成就让国人感到自豪与振奋。尽管我国在一些领域已取得显著成就，但总体而言，科技创新能力需要进一步加强。与发达国家相比，我国在部分科技领域仍处于追赶状态

（三）科技人才资源不足

综合国力的竞争本质上是人才竞争，因为优秀的人才是推动科技创新和社会发展的核心力量。科技人才数量是衡量一个国家科技实力的重要标志。然而，我国仍然面临着一系列科技人才方面的挑战，如政策扶持不到位、激励机制不合理、收入水平相对较低等，这些可能导致科技人才流失，也可能影响优秀人才投身科技领域的意愿。

（四）科技保密面临威胁

科技保密工作面临的主要威胁是国外不法分子以“黑客”身份非法获取我国科技秘密，造成我国科技秘密泄露。尤其计算机芯片、工业软件等高科技领域，是我国参与国际竞争的关键，所以要加强知识产权保护，防止科技泄密。

四、维护科技安全的途径与方法

为实现第二个百年奋斗目标和中华民族伟大复兴，我们要坚定决心和持续努力，确保我国在科技安全领域不断取得胜利。

（一）科技安全战略的统筹规划

为有效改善目前我国科技安全面临的制度设计不完善、体制机制不顺畅、体系整体效能比较低等问题，政府有关部门应加强顶层设计，从体制机制建设等重点方面加强政策引领。第一，组织制度方面，坚持党对科技安全工作的绝对领导，在国家层面建立集中统一、高效权威的科技安全领导体制；第二，运行机制方面，重点是完善科技安全体系内各个子系统运行制度；第三，聚焦国家科技安全重大问题，制订和完善科技安全行为主体保障措施，确保科技要素、科技活动、科技人才等处于安全状态；第四，针对科技安全影响因素，研究建立安全预警、风险评估与应急管理机制，以科技安全法律制度为基础，加强国家科技安全体系治理机制建设。

（二）科技安全重点领域的创新突破

我国在科技创新方面一直积极探索，特别是在事关国计民生和国家安全的战略性、前沿性科技领域进行攻关。重视战略性科技发展，尤其是把军事技术、人工智能、量子通信、航天航空等领域纳入国家发展战略目标，投入大量资源进行科学研究和项目实施。我国正在积极推进航天技术的发展，也在人工智能领域取得了显著成就，正在加快推进智能制造、智慧城市等方面的发展。

我国将前沿技术研发作为推动经济社会发展的重要抓手，鼓励和支持企业与研究机构在人工智能、生物技术、新能源等领域进行前瞻性研究。大力发展新一代信息技术，加强芯片设计和制造，推动物联网、云计算等新技术的创新和应用。通过大力投入研发资源，提升创新能力和技术实力，为国家的发展和安全、民生福祉做出重要贡献。

（三）加强科技人才队伍建设

要实现人才强国，就必须促进各领域青年人才的成长，政府需要创造有利于青年人才成长的社会环境，建立以创新、质量和贡献为导向的科技人才评价体系，完善科技奖励制度，解决结构性矛盾，构建完备的人才梯队队伍，为创新创业提供有利的政策环境。

（四）强化科技安全治理

首先，加强安全预警机制与审查机制建设。建立跨部门、跨领域的安全信息共享和协同机制，加强与情报部门、公安机关等的合作与沟通，及时共享安全信息，提高对潜在风险的感知和应对能力。其次，制定相关法律法规。通过制定法律法规，明确科技活动中的合规要求和法律责任，规范科技成果的申报、评估、转化和保护。最后，加强科技安全宣传教育与科学伦理规范。举办科技安全知识培训、宣传活动，提升科技创新者、企业、学术界和公众的科技安全素养与风险防范意识。加强对科学研究、实验和应用过程中的伦理约束和道德规范的宣导。推动科研人员和相关机构遵守科学研究伦理规范，加强对科技伦理问题的研究和解决。

实践与提升

采访微视频：共享载人航天精神，共创美好未来

一代代航天工作者不仅创造了举世瞩目的伟大成就，更培育和形成了伟大的载人航天精神。载人航天精神，是对“两弹一星”精神的继承和弘扬，是伟大民族精神的生动体现，它和探月精神、新时代北斗精神等构成了我国第一批中国共产党人精神谱系。

活动目标：

了解并弘扬载人航天精神。

活动准备：

准备问题素材，构思拍摄方法。

活动过程：

1. 分小组，录制采访内容，收集旁白文字等。
2. 剪辑视频、配音等。
3. 将视频上传到指定作业平台，并分享给班级同学。
4. 记录采访视频中精彩的提问和回答。

序号	视频名称	体现的载人航天精神	问题或回答内容简述	备注
1				
2				
3				
4				
……				

云课堂

扫描二维码，阅读《探索浩瀚宇宙，建设航天强国》。

任务评价

学生自评/互评表

班级： 姓名： 学号：

评价项目	评价标准	分值	自评	互评
学习态度	积极学习相关材料，认真完成作业和学习任务	15		
专业知识	了解科技安全的相关内容，掌握维护科技安全的途径和方法	20		
研讨精神	积极参加讨论，对其他人的发言能提出合理的分析和见解	15		
团队协作	能很好地融入小组讨论，与组内成员沟通顺畅，共同推进学习进程	15		
信息素养	会检索文献，且能运用新媒体进行相关练习	15		
情怀素养	立足自己专业，自立自强、创新超越，为实现中华民族伟大复兴做出自己的贡献	20		
合计		100		

教师评价表

班级： 姓名： 学号：

<table>
<tr><th colspan="2">评价项目</th><th>评价标准</th><th>分值</th><th>得分</th></tr>
<tr><td colspan="2">考勤</td><td>无迟到、早退、旷课现象</td><td>5</td><td></td></tr>
<tr><td rowspan="7">专业知识</td><td rowspan="2">问卷调查</td><td>认真回答问卷中所有问题，按时提交问卷</td><td>15</td><td></td></tr>
<tr><td>在填写问卷时能够将自己的专业知识与问卷内容紧密结合</td><td>15</td><td></td></tr>
<tr><td rowspan="2">美国限制对华投资的材料分析</td><td>能解释美国对中国进行投资限制的本质</td><td>15</td><td></td></tr>
<tr><td>了解对半导体、人工智能、量子计算等领域进行限制的后果</td><td>15</td><td></td></tr>
<tr><td rowspan="3">采访微视频制作</td><td>理解并正确表达作业主题，能清晰传达信息、展现创新思维</td><td>10</td><td></td></tr>
<tr><td>画面的拍摄质量良好，编辑技巧使用合理，配乐与视频内容相匹配</td><td>10</td><td></td></tr>
<tr><td>能清晰、流畅地表达自己的思想和观点，能与同学进行良好的沟通和互动</td><td>5</td><td></td></tr>
<tr><td colspan="2">综合表现</td><td>课堂表现好，积极参与讨论和学习，学习效果好</td><td>10</td><td></td></tr>
<tr><td colspan="3">合计</td><td>100</td><td></td></tr>
</table>

综合评价	自评（20%）	互评（30%）	教师评价（50%）	综合得分

项目十二

和谐方能“美”

知识目标

1. 了解社会安全的重要性、主要内容，正确认知社会安全面临的威胁与挑战。

2. 了解生态安全的重要性、主要内容，正确认知生态安全面临的威胁与挑战。

技能目标

1. 增强社会安全意识，掌握维护社会安全的途径与方法。

2. 增强生态安全意识，掌握维护生态安全的途径与方法。

素质目标

1. 培养遵规守纪的习惯，提升社会安全责任感。

2. 提升生态文明素养，树立正确的生态文明观。

导　言

社会安全，人人有责；平安中国，家家受益。我们每个人都是社会安全、生态安全的受益者，唯有社会和谐有序、国家长治久安，生态和谐文明、绿水青山长存，人民幸福安康才有保障，经济社会才能健康发展。新时代大学生要扛起责任，争当社会安全、生态安全的“倡导者”“捍卫者”“力行者”，以涓滴之力汇聚成守护国家安全的磅礴伟力！

知识图谱

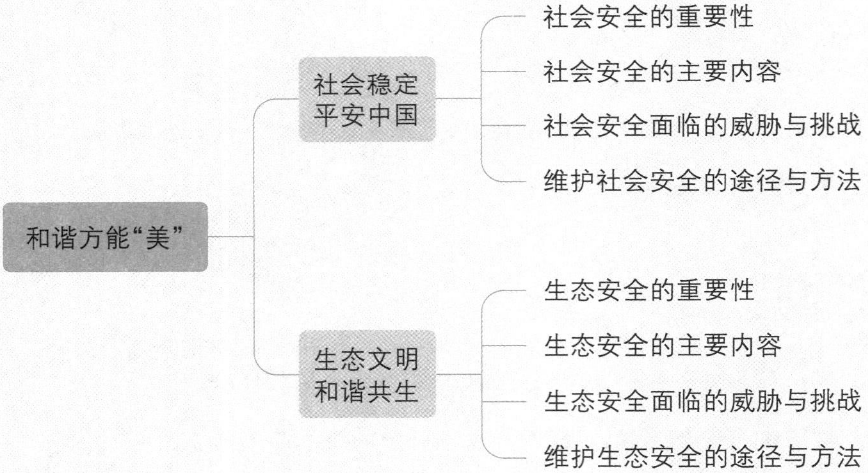

任务一 社会稳定 平安中国

任务描述

国家安全是民族复兴的根基，社会稳定是国家强盛的前提。立足中华民族伟大复兴战略全局和世界百年未有之大变局，走中国特色社会主义现代化道路，保证社会安全始终是头等大事。

1. 通过查阅资料、访谈等，开展“我心中的平安中国守护者”活动，完成工作表单1。

2. 分析案例《远离负能量，不做违法者》，完成工作表单2。

任务准备

1. 组建学习讨论小组，选定小组长，明确研讨任务。

2. 选择讨论地点，排列座位。

任务实施

工作表单1

通过资料查阅、访谈等方式，寻找自己心中的“平安中国守护者”，如人民警察、消防战士、国安人员、医护人员等，完成表单1。

“我心中的平安中国守护者”

序号	人物岗位	守护事迹	推选理由	推荐词
1				
2				
3				
4				
……				

工作表单2

扫描二维码学习并分析案例,完成下表。

简要分析唐山烧烤店打人事件的恶劣社会影响	
生活中遇到此类情况,我们该如何做	
请结合自身成长经历,谈谈如何远离负能量的人	

习语金句

让民众享有一个安全稳定的生存生活环境,是中国治国理政的重要目标。

——2017年9月26日,习近平在国际刑警组织第八十六届全体大会开幕式上的主旨演讲

任务分析

在新时代的中国,维护社会安全稳定已成为重要议题,被纳入总体国家安全观。习近平总书记在党的二十大报告中指出,“国家安全是民族复兴的根基,社会稳定是国家强盛的前提”,要坚持“以军事科技文化社会安全为保障”“夯实国家安全和社会稳定基层基础”“建设更高水平的平安中国”。作为新时代大学生,需要了解社会安全的重要意义,理解社会安全的主要内容,清楚社会安全面临的主要威胁和挑战,掌握维护社会安全的途径与方法,为社会稳定、国家安全贡献自身力量。

一、社会安全的重要性

社会安全事关每个社会成员切身利益，事关社会稳定和国家发展，对保障人民安居乐业、社会和谐有序、国家长治久安具有十分重大的意义。

（一）社会安全是国家安全的重要内容

维护国家安全，离不开社会的和谐有序和安全稳定。我们党始终高度重视社会安全，始终把维护社会安定作为一项基础性工作。党的十八大提出"为全面建成小康社会而奋斗"的目标，大大拓展和丰富了社会安全的领域，赋予社会和谐稳定新的内涵。党的十九大作出"中国特色社会主义进入新时代"的重大判断，明确作出了"打造共建共治共享的社会治理格局"的部署。党的二十大指出，"国家安全是民族复兴的根基，社会稳定是国家强盛的前提。必须坚定不移贯彻总体国家安全观，把维护国家安全贯穿党和国家工作各方面全过程，确保国家安全和社会稳定"。因此，高度重视社会治理问题，维护社会安全和谐稳定，是维护国家安全的重要内容。

（二）社会安全是国家长治久安的重要基石

社会安全是国家安全的重要内容，包括防范、消除、控制直接威胁社会公共秩序和人民群众生命财产安全的治安、刑事、暴力恐怖事件等。社会安全工作涉及打击犯罪、维护稳定、社会治理、公共服务等各个方面，涉及生产、工作、生活各个环节，与人民群众的利益息息相关。因此，我们必须高度重视社会安全工作，认清当前形势，提升维护社会安全的意识，增强维护社会安全的使命感、责任感，团结一致、齐心协力构筑社会安全的铜墙铁壁。

（三）社会安全是提升人民群众幸福感和满意度的基本前提

社会安全是人民群众安全感的晴雨表，是国家安全的风向标。随着经济发展、社会进步，人民群众对过上美好生活有更高的期待，对社会安全有更高的期望。因此，维护社会安全是贯彻以人民为中心的发展思想，增强人民群众的获得感、幸福感和安全感的体现。只有维护好人民群众的人身安全、财产安全、食品安全、环境安全，预防和减少社会安全事故的发生，依法打击违法犯罪，加强和创新社会治理能力，才能不断提升人民群众的幸福感和满意度。

二、社会安全的主要内容

社会安全主要包括社会治安、社会突发公共事件、社会舆情等方面的内容。

(一)社会治安

社会治安指的是社会的安定秩序。包括公共秩序,如车站、码头、民用航空站、公园、商场、娱乐场、展览会、运动场或者其他公共场所的秩序良好;国家机关办公秩序和公民生活秩序良好;国家、集体和个人财物的安全;公民人身权利不受侵犯;等等。

社会治安管理主要包括四个方面:一是对扰乱公共秩序的行为的管理;二是对妨害公共安全的行为的管理;三是对侵犯人身权利、财产权利的行为的管理;四是对妨害社会管理的行为的管理。

(二)社会突发公共事件

社会突发公共事件是指突然发生,造成或者可能造成重大人员伤亡、财产损失、生态环境破坏和严重社会危害,危及公共安全的紧急事件。根据《国家突发公共事件总体应急预案》,突发公共事件主要分为四类,即自然灾害、事故灾难、公共卫生事件、社会安全事件。各类突发公共事件按照性质、严重程度、可控性和影响范围等因素,一般分为四级,即Ⅰ级(特别重大)、Ⅱ级(重大)、Ⅲ级(较大)和Ⅳ级(一般)。

自然灾害主要指给人类生存带来危害或损害人类生活环境的自然现象,主要包括水旱灾害、气象灾害、地震灾害、地质灾害、海洋灾害、生物灾害和森林草原火灾等。事故灾难主要包括工矿商贸等企业的各类安全事故、交通运输事故、公共设施和设备事故、环境污染和生态破坏事件等。公共卫生事件主要包括传染病疫情、群体性不明原因疾病、食品安全和职业危害、动物疫情,以及其他严重影响公众健康和生命安全的事件。社会安全事件主要包括恐怖袭击事件、经济安全事件、涉外突发事件等。

(三)社会舆情

互联网普及以前,信息主要通过报纸、广播、电视等传统媒介进行传播。而互联网时代,人人都是自媒体。如何在重大突发事件发生期间,积极正确引导舆情成为头等重要的事情。突发公共事件中舆情引导的基本原则是对重大突发事件相关信息的发布要及时、公开,因为重大突发事件一般具有突发性、不可预测性等特征,社会公众对其极易产生“未知性”恐惧,这种恐惧是谣言等负面舆情传播的温床。另外,舆情引导要秉持理解、开明的态度,这对公共安全治理也是巨大的考验。

三、社会安全面临的威胁与挑战

中国特色社会主义进入新时代,社会主要矛盾已经转化为人民日益增长的美好生活需要和不平衡不充分的发展之间的矛盾。新时代大学生需要全面客观地了解当前我国社会安全面临的主要威胁和挑战。

(一)社会群体性事件

社会群体性事件是由各种社会矛盾引发的,特定群体或者不特定多数人聚合起来以表达情绪、提出诉求、解决问题为理由,影响社会秩序、社会稳定和社会安全的事件。表现为语言冲突、肢体冲突和打砸行为造成人身伤害和财产损失等,产生负面社会影响,破坏社会安全秩序。

(二)恶性社会治安问题和新型违法犯罪

以杀人、放火、爆炸和投毒等为主的暴力刑事犯罪会严重影响社会治安,极易引发公众恐慌。黄赌毒等社会问题会影响社会风气。伴随着数字化时代的到来,网络诈骗、窃取公民个人信息等新型网络犯罪也成为影响社会治安的因素。

(三)恐怖活动

恐怖主义是指通过暴力、破坏、恐吓等手段,制造社会恐慌、危害公共安全、侵犯人身财产,或者胁迫国家机关、国际组织,以实现其政治、意识形态等目的的主张或行为。国家反对一切形式的恐怖主义,依法取缔恐怖活动组织,对任何组织、策划、准备实施、实施恐怖活动,宣扬恐怖主义,煽动实施恐怖活动,组织、领导、参加恐怖活动组织,为恐怖活动提供帮助的,依法追究法律责任。

(四)境外敌对势力渗透破坏

随着中国与世界的联系更加紧密,境外敌对势力利用我国部分人员出国等机会设置圈套陷阱进行引诱策反,或者利用网络技术以"交友""咨询""兼职"等名义搜集情报,对我国公民人身安全造成威胁,给我国国家安全和利益带来风险隐患。我国面临的反间谍斗争形势也日趋严峻复杂,为有效应对境外敌对势力的渗透破坏,保护国家安全,我们要提高防范意识,制止和惩治间谍行为。

四、维护社会安全的途径与方法

在新形势下,要从根本上维护社会安全,铲除破坏社会安定的滋生土壤,必须建立健全相应的体制机制。

(一)有效预防和妥善处置群体性事件

针对社会群体性事件,要建立健全相应的管理体制和工作预案,形成统一指挥、功能齐全、反应灵敏和运转高效的应急机制，及时应对、有效布置，缓解社会矛盾。处理群体性突发事件，应该依靠党委、政府统一领导，齐抓共管，密切配合，多方施策，形成整体合力。加强情报信息工作，掌握工作主动权。及时回访，防止矛盾反弹，积极做好善后工作。

（二）加强处理社会治安问题的能力

加强社会治安防控网建设，优化防控力量布局，减少死角和盲区，提升社会面动态控制能力。加强信息资源互通共享和深度应用，在确保信息安全、保护公民合法权益的前提下，提高系统互联、信息互通和资源共享程度，提高公共区域视频监控系统覆盖密度和建设质量。加强对社会舆情、治安动态和热点、敏感问题的分析预测，对社会治安重点领域的情况进行研判分析，及时发现苗头性、倾向性问题，提升有效应对能力。建立健全治安形势播报预警机制，增强群众自我防范意识。要以维护人民生命财产为导向，充分运用大数据、云计算、物联网等新技术，加快创新完善我国社会治安防控体系，全面提升撑控社会治安局势的能力水平。

（三）加强反暴力反恐怖斗争

第一，针对恐怖分子惯用的犯罪手法，及时开展相关研究，制定对策预案，进行宣传教育和演练工作，增强民众防恐反恐意识和自我保护能力。第二，依靠互联网及大数据，密切跟踪敌情动态，及时获取恐怖活动信息，建立高效的反恐情报反馈机制，提升反恐情报侦察能力。第三，恐怖主义活动是世界各国共同面临的问题，打击和处置恐怖主义犯罪需要各国通力合作。

（四）防范、制止和依法惩治民族分裂活动和非法宗教的渗透

铸牢中华民族共同体意识，严密防范、坚决打击各种民族分裂主义活动，是我国政府旗帜鲜明的主张。积极组织各地民众开展宣传教育活动，最大限度团结和发动全国各族人民的力量，筑牢人民防线。在建立制止民族分裂活动体制机制的同时，建立举报奖励机制，鼓励群众揭发非法宗教等有害因素的渗透，提高机动打击能力，始终让民众有安全感，使社会稳定有序。此外，应正确引导信教群众，拓宽信教群众学习和掌握宗教知识的合法渠道，倡导宗教和谐理念，抵制宗教极端主义，对蛊惑群众的非法宗教予以严厉打击、依法取缔。

（五）强化社会舆情引导管控

一方面对社会矛盾与焦点问题做到早发现、早研判、早引导，把依法处理作为基本方式，依法给事件定性，依法分清责任，依法采取各种处置措施，在法治轨道上化解社

会矛盾，解决社会问题。同时，应加快建立畅通有序的诉求表达机制，增加信息透明度，不断提高处理社会舆情的能力。另一方面，应该充分利用新媒体，为舆论工作的引导、管控创造良好条件。

实践与提升

“社会安全之我见”主题辩论赛

社会安全是国家安全的重要内容，作为新时代大学生，要为社会稳定、国家安全贡献力量。以“社会安全之我见”为主题，开展小型辩论赛。

活动目标：

引导学生思辨法律和道德在社会安全中的作用。在思辨中提升团队协作能力、语言表达能力、逻辑思考能力等，拓宽学生视野，提升认知。

活动准备：

做好赛前分组，确定主持人、评审团；做好资料收集、辩词准备；确定比赛规则，制订评分表；布置场地。

活动过程：

1. 确定正、反方。

2. 明确题目：正方——社会安全主要靠法律来维护；反方——社会安全主要靠道德来维护。

3. 主持人介绍评分标准和赛制，正、反方选手开展辩论。

4. 在下框中写出启示。

启示：

云课堂

扫描二维码，阅读《反间谍无小事，人人有责任》，观看视频《反间谍安全防范工作规定》宣传片。

任务评价

学生自评/互评表

班级：　　　　　　　　　　姓名：　　　　　　　　　　学号：

评价项目	评价标准	分值	自评	互评
学习态度	上课认真听讲，按时提交作业，及时查阅老师上传的学习材料	15		
专业知识	了解社会安全的相关内容，掌握维护社会安全的途径和方法	20		
研讨精神	积极参加讨论，对其他人的发言能提出合理的分析和见解	15		
团队协作	能很好地融入小组讨论，与组内成员沟通顺畅，共同推进学习进程	15		
信息素养	能查阅文献、开展访谈，根据工作任务开展基础调研	15		
情怀素养	有维护社会安全的责任感和意识	20		
合计		100		

教师评价表

班级：　　　　　　　　　　　姓名：　　　　　　　　　　　学号：

评价项目		评价标准	分值	得分
考勤		无迟到、早退、旷课现象	5	
专业知识	我心中的平安中国守护者	会查阅资料，能够制订调研方案，完成调研任务	20	
		能进行“我心中的平安中国守护者”讲述，并做好汇报总结	10	
	案例分析：《远离负能量，拒做“垃圾人”》	能分析唐山烧烤店打人事件的恶劣社会影响	10	
		能说出生活中遇到险情时的应对方法	10	
		能根据案例进行反思，并做好陈述总结	10	
	“社会安全之我见”主题辩论赛	论点明晰，论据充足，引证恰当，分析透彻，语言表达清晰	15	
		团队配合默契，反应敏捷	10	
综合表现		课堂表现好，积极参与讨论和学习，学习效果好	10	
合计			100	

综合评价	自评(20%)	互评(30%)	教师评价(50%)	综合得分

任务二 生态文明 和谐共生

任务描述

生态安全是经济安全等的基础，同时又受到其他安全的影响和制约。当一个国家的自然生态环境能够维系其经济社会的可持续发展时，它就是安全的。

1. 结合二维码内容，完成工作表单1。

2. 结合家乡乡村振兴现状，开展课前调研，完成工作表单2。

任务准备

1. 组建学习讨论小组，选定小组长，明确研讨任务。

2. 通过资料查阅等方式收集资料。

任务实施

工作表单1

扫描二维码阅读资料，从生态保护的角度，简要列举中国保护“国宝”大熊猫的故事（至少1例），完成下表。

故事1	
故事2	
故事3	

工作表单2

推进生态宜居，助力乡村振兴

习近平总书记指出：“乡村振兴是包括产业振兴、人才振兴、文化振兴、生态振兴、组织振兴的全面振兴。”2022年中央一号文件《中共中央 国务院关于做好2022年全面推进乡村振兴重点工作的意见》明确提出，“扎实有序做好乡村发展、乡村建设、乡村治理重点工作，推动乡村振兴取得新进展、农业农村现代化迈出新步伐”。因此，加速推进生态宜居是实现乡村振兴的应有之义。

乡村振兴包括哪五个方面的内容

结合自己家乡的变化，谈谈乡村振兴给村民的生活带来了哪些方面的变化

习语金句

绿水青山就是金山银山，贯彻创新、协调、绿色、开放、共享的发展理念，加快形成节约资源和保护环境的空间格局、产业结构、生产方式、生活方式，给自然生态留下休养生息的时间和空间。

——2018年5月，习近平在全国生态环境保护大会上的讲话

任务分析

生态安全是人类生存发展的基本条件，维护生态安全直接关系人民群众的福祉、经济的可持续发展和社会的长久稳定。进入新时代，我们要进一步推动绿色发展，促进人与自然和谐共生，实现生态文明建设新进步，为全面建设社会主义现代化国家添砖加瓦。

一、生态安全的重要性

生态安全与资源安全息息相关，是国土安全的重要组成部分，也日益成为经济、社会发展中的焦点，维护生态安全就是维护人类生命支撑系统的安全。

（一）生态安全是人类生存和发展的基本条件

习近平总书记指出："自然是生命之母，人与自然是生命共同体，人类必须敬畏自然、尊重自然、顺应自然、保护自然。"人类的生存需要水、空气、土壤和食物等物质基础，这些物质条件和功能构成了生态系统。生态的可持续发展是人类生存和发展的基本条件，生态环境没有替代品，保护生态环境是功在当代、利在千秋的事业。

（二）生态安全是经济安全的基本保障

《中共中央关于党的百年奋斗重大成就和历史经验的决议》指出："保护生态环境就是保护生产力，改善生态环境就是发展生产力。"生态环境是生产力直接的构成要件，如果肆意毁坏或无节制地开发利用山、水、林、田、湖、草等自然资源，就会破坏人与自然之间的平衡。没有自然生态的保障，经济社会将遭受巨大损失，从而影响可持续发展。因此，必须尊重自然规律，保护生态环境，切忌杀鸡取卵、涸泽而渔，只有保护好生态环境，才能发展生态产业、绿色产业，将绿水青山转化为金山银山。

（三）生态安全是政治安全和社会稳定的坚固基石

生态环境关系人民福祉和民族未来，是谋求人民幸福和推进民族繁荣的重要基础。生态环境的恶化必然导致人们生活质量下降，甚至威胁人们的生存与健康。一旦生存资源紧缺，就会导致社会冲突和动荡。气候变暖、森林消失、生物物种减少、荒漠化等环境的恶化，都有可能导致社会关系的紧张，并进一步演变成政治安全问题。因此，维护生态安全对维护政治安全与社会稳定有重要作用。

（四）生态安全是国土安全的重要屏障

生态空间是由森林、草原、湿地、河流、湖泊、滩涂、海洋、荒地、荒漠、戈壁、冰川、高山冻原、无居民海岛等自然要素构成的生命共同体，是具有自然属性、以提供生态服务或生态产品为主体功能的国土空间。从总体国家安全观的角度来看，国土安全包括生态安全的内容。没有绿水青山的国土不是安全的国土，树立维护生态安全意识，守住生态空间安全边界，才能进一步优化并保障国土安全。

（五）生态安全是资源安全的重要基础

生态系统既包括有形的山、水、林、田、湖、草等自然资源，也包括无形的环境资源和生态文化资源，为人类提供着有形的物质资源和无形的生态服务，是最普惠的民生福祉。对国家来说，要获得充分的资源，既取决于国内的生态安全，又取决于全球的生态安全。只有解决好人与自然的关系，确保生态系统的健康稳定，才能维护生态安全，为国家经济社会发展提供充足、稳定、可持续的资源。

二、生态安全的主要内容

生态安全主要是指一个国家具有支撑国家生存发展的较为完整、不受威胁的生态系统，以及应对国内外重大生态问题的能力。作为国家安全体系的重要基石，生态安全包括水安全、土地安全、大气安全和生物物种安全等。

（一）水安全

水安全包括水量安全、水质安全与水污染的防治等内容。水是生命之源、生产之要、生态之基，水安全是人类和社会经济可持续发展的条件。水安全要求以保护水资源和水环境为基础，保障水量安全；要求水质满足清洁和健康的要求，满足生活和生产的需要，特别是饮用水的水质要达标；要求人们放弃传统的高消耗、高增长、高污染的粗放型生产方式，抵制高消费、高浪费的生活方式，防止水资源浪费和水体遭到严重污染。

（二）土地安全

土地安全，包括预防土地污染、退化，使土壤功能免受破坏等内容。土地是人类赖以生产、生活和生存的物质基础，也是最重要的自然资源之一。在社会发展过程中，土壤污染通常是因为人为因素导致某种物质进入陆地表层土壤，引起土壤化学、物理、生物等方面特性的改变，影响土壤功能和有效利用，危害公众健康或者破坏生态环境的现象。与水污染相比，土壤污染具有隐蔽性、潜伏性和滞后性的特征。

（三）大气安全

大气安全主要面临大气污染和气候恶化两大威胁。在自然生态系统中，大气是最活跃的因素，是自然生态系统状况的综合反映，也是人类赖以生存和发展的基础。20世纪以来，人类社会经历了历史上最大规模的城镇化与工业化发展，大气污染及全球变暖问题随之而来。气候恶化最直接的表现是极端天气出现频次增多，并对农业、水资源等造成影响，对工业、服务业、交通业、能源电力等行业和部门产生直接或间接影响，进而威胁人类的生存和发展。

（四）生物物种安全

生物物种安全包括保护生物物种的多样性，严禁外来物种入侵，防止生态功能退化等。生物多样性是人类生存和社会发展的基础，是生态文明建设和民族永续发展的保障。我国是世界上生物物种最为丰富的国家之一。国门生物安全指一个国家避免因管制性生物通过出入境口岸进出国境而产生危险的状态，以及维护这种安全的能力。国门生物安全涉及农林业生产安全、人身安全、生态安全、经济安全（包括国际贸易）以及社会安全等，是国家安全的重要组成部分。

三、生态安全面临的威胁与挑战

水土流失、土地退化、生态失调、植被破坏、生态多样性锐减并呈现加速发展趋势等都是生态安全面临的威胁与挑战。

（一）水土流失，土地沙漠化、退化

土地安全是21世纪人类社会可持续发展所面临的一个新主题。随着人类活动的加剧和对土地资源的不合理开发利用，我国出现了一系列土地资源生态问题，使得人们赖以生存的土地生态系统服务功能降低，并直接影响到经济社会的可持续发展。保障土地生态系统安全，既是关系到经济社会发展的重要问题，也成为摆在我们面前亟须破解的重大课题。因此，必须守住土壤环境的安全底线，构建我国生态安全屏障。

（二）水资源短缺，森林、草原等灾害频发

干旱缺水是我国尤其是北方地区的主要自然灾害。同时，我国水资源在地区分布上很不均匀，南多北少，东多西少，相差悬殊。且年内年际分配不均匀，旱涝灾害频繁，再加上水污染等，大大减少了人们可以利用的水资源。我国森林覆盖率和单位面积蓄积量也处世界较低水平，且自然灾害严重，林害、森林火灾、草原受灾及退化等导致生态系统功能紊乱、失调。

（三）外来物种入侵，威胁我国生态环境

在全球化背景下，大多数国家都出现外来物种入侵的现象。外来物种入侵，对我国的自然生态系统平衡和本土物种基因构成严重威胁。2022年8月，《外来入侵物种管理办法》开始实施，对外来入侵物种的源头预防、监测预警、综合治理等方面作出了具体规定，构建出一个全链条防控体系。

（四）气候变化威胁人类生存发展

受全球气候变化的影响，世界范围内的极端天气情况多发，如暴雨洪涝、高温干旱、低温冷害、热带气旋、强对流、沙尘等。我国疆域广袤，气候条件复杂多样，极端天气给经济发展，尤其是对农业生产产生了一定影响。党的二十大报告明确提出，“持续深入打好蓝天、碧水、净土保卫战。加强污染物协同控制，基本消除重污染天气。”加强应对气候变化、参与环境治理和生态保护修复，才能推进生态文明建设。

四、维护生态安全的途径与方法

维护生态安全必须牢固树立和践行“绿水青山就是金山银山”理念，加强综合治理，筑牢国家生态安全屏障。

（一）完善国家生态安全法律法规体系

法治建设是社会进步的重要标志，也是国家实现生态安全的必要保障。维护生态安全必须依靠制度、依靠法治，只有实施最严格的制度和法律，才能为生态文明建设提供可靠保障。一方面，必须加强立法工作，立足国家生态安全需求，健全具有中国特色的国家生态安全法律支撑体系，实现有法可依。另一方面，要加强执法工作，严厉打击破坏生态环境的违法行为，对事关国家生态安全的重大事件，要开展多部门联合执法行动。《中华人民共和国生物安全法》为维护国家安全，防范和应对生物安全风险保驾护航。

（二）加快国家生态安全体制机制建设

为确保国家生态安全战略顺利实施，必须加强体制机制建设，明确各部门职责。国家层面需要出台有效的监督考核与问责机制，确保国家生态安全战略实施的效果；各级党委和政府必须对本辖区的生态安全状况全权负责，将国家生态安全工作纳入国民经济和社会发展规划，并且将其作为考核政绩的指标之一，因干部失职、渎职给国家造成重大损失和严重后果的，要依法追究其责任。

（三）加强国家生态安全评估预警体系建设

要充分挖掘和运用大数据，建立国家生态安全综合数据库，监测生态安全现状，预测未来国家生态安全形势，定期对生态风险进行全面、科学预测，加强对潜在生态风险的预判。完善并健全多级联动的突发生态安全事件应急措施，有效管控生态环境问题引发的社会舆论和公共危机。

（四）加大生态保护和修复工程

党的二十大报告指出，要“推进美丽中国建设，坚持山水林田湖草沙一体化保护和系统治理，统筹产业结构调整、污染治理、生态保护、应对气候变化，协同推进降碳、减污、扩绿、增长，推进生态优先、节约集约、绿色低碳发展”。“提升生态系统多样性、稳定性、持续性。以国家重点生态功能区、生态保护红线、自然保护地等为重点，加快实施重要生态系统保护和修复重大工程。推进以国家公园为主体的自然保护地体系建设。实施生物多样性保护重大工程。科学开展大规模国土绿化行动。深化集体林权制度改革。推行草原森林河流湖泊湿地休养生息，实施好长江十年禁渔，健全耕地休耕轮作制度。建立生态产品价值实现机制，完善生态保护补偿制度。加强生物安全管理，防治外来物种侵害。”

（五）推进重点环境问题治理

我国资源严重短缺，生态环境极其脆弱，城镇化和工业化的发展，人口的增长和资源的过度开发利用对生态环境保护产生很大压力，生态安全面临更加严重的威胁，必须采取有效措施，维护国家生态安全。具体而言，要实施大气污染综合防治，推进清洁生产和节能减排，严控多种大气污染物排放量，以提高大气环境质量；完善国家土壤环境的监测网络，加大土壤重金属污染治理修复力度，强化农产品产地安全和污染场地开发利用监管；针对重点环境问题，整合现有各类重大工程，构建生态保护、经济发展和民生改善的协调联动机制。

（六）积极开展并参与国际生态环境治理活动

参与全球生态环境和区域生态环境治理，引导完善国际生态治理体系和规则；强化“走出去”企业的环境意识和社会责任，加强“走出去”项目及其周边生态环境保护，努力实现合作共赢。我国一直倡导并积极参与国际生态环境合作，如完善“一带一路”生态环境的合作机制，积极推进与共建国家在环保基础设施建设、绿色低碳技术、装备与产业方面的合作，推动全球多个国家签订环境保护协定，共同参与生态安全的立法。

实践与提升

新农人“论道”

2019年，大学生李彬放弃城市工作与爱人一起返乡创业。他们在当地政府的帮助下，流转土地3000多亩，建设温室大棚，从事果树种植。在借鉴其他地方的温室大棚种植技术后，李彬着手改良土地：用秸秆还田来提高土壤透气性，用腐熟农家肥、有机肥、生物菌肥提高土壤的有机质含量，用蜂蜜制作水果酵素当作肥料等。这使得他种植的甜瓜、西瓜等，富含更多营养物质、糖分。通过线上线下订单销售，赢得了省内外众多超市和水果专营客户的信赖。李彬夫妇通过生态种植、观光种植，美化了环境、活跃了经济，守护了家乡的绿水青山。

思考：如果你回乡成为“新农人”，请从生态保护的角度，谈一谈你打算如何实现经济富裕与环境保护双赢。（请在下框作答）

云课堂

扫描二维码，阅读《为什么说绿水青山就是金山银山》。

任务评价

学生自评/互评表

班级：　　　　　　　　　姓名：　　　　　　　　　学号：

评价项目	评价标准	分值	自评	互评
学习态度	能准时参加学习，按时提交作业，及时查阅老师上传的学习材料	15		
专业知识	了解生态安全的相关内容，掌握维护生态安全的途径和方法	20		
研讨精神	积极参加讨论，对其他人的发言能提出合理的分析和见解	15		
团队协作	能很好地融入小组讨论，与组内成员沟通顺畅，共同推进学习进程	15		
信息素养	会检索相关文献，能够主动阅读学习	15		
情怀素养	培养生态文明社会责任感，拥有环保意识，并且能够落实到行动上	20		
合计		100		

教师评价表

班级：　　　　　　　　　姓名：　　　　　　　　　学号：

评价项目		评价标准	分值	得分
考勤		无迟到、早退、旷课现象	10	
专业知识	分析《保护生态安全，大熊猫野外栖息地更“宜居”》	通过案例了解国家在生态保护方面的举措	10	
		能解读保护生态平衡的重要性	10	
		会组织语言，能讲好保护生态安全故事	10	
	分析《推进生态宜居，助力乡村振兴》	能理解推进生态宜居与助力乡村振兴之间的逻辑关系	10	
		理解乡村振兴包括哪五个方面的内容	10	
		能结合调研，讲清楚乡村振兴给村民的生活带来的变化	10	
	分析《新农人“论道”》	紧扣主题，观点正确，思维严谨，具有较高的立意	10	
		想象丰富，能讲清楚自己的“新农人”理想	10	
综合表现		课堂表现好，积极参与讨论和学习，学习效果好	10	
合计			100	
综合评价	自评(20%)	互评(30%)	评价(50%)	综合得分

项目十三

清朗共同"享"

知识目标

1. 了解网络安全、海外利益安全的重要性和主要内容。

2. 了解网络安全、海外利益安全面临的威胁与挑战。

3. 掌握维护网络安全和海外利益安全的途径与方法。

技能目标

1. 明白网络不是法外之地,能正确使用网络。

2. 提升信息搜集能力和信息处理能力。

素质目标

1. 自觉维护网络安全和海外利益安全。

2. 形成科学的网络安全观和海外利益安全观。

导　言

网络安全、海外利益安全属于非传统安全领域，是国家安全体系的重要组成部分。面对世界百年未有之大变局，我国的网络安全和海外利益安全面临的威胁与挑战日趋严峻，大学生要充分认识到网络安全和海外利益安全的重要性，共建共享清朗网络，做好自我防护，自觉维护我国网络空间主权和海外利益安全。

知识图谱

- 清朗共同“享”
  - 清朗网络共建共享
    - 网络安全的重要性
    - 网络安全的主要内容
    - 网络安全面临的威胁与挑战
    - 维护网络安全的途径与方法
  - 海外利益安全积极有力保护
    - 海外利益安全的重要性
    - 海外利益安全的主要内容
    - 海外利益安全面临的威胁与挑战
    - 维护海外利益安全的途径与方法

任务一 清朗网络 共建共享

任务描述

当今世界，网络已广泛应用于我们的学习、生活、工作中，网络安全问题也早已成为备受社会关注的焦点。网络空间清朗是广大网民的共同期待，也是建网管网治网的重要目标。

1. 讨论网络安全存在的普遍问题、造成的不良后果以及防范措施，完成工作表单1。

2. 分析《国务院新闻办就2023年“清朗”系列专项行动有关情况举行发布会》的重要意义，完成工作表单2。

任务准备

1. 明确主题、任务与内容。

2. 分小组，各小组利用网络查阅关于网络安全的规定和要求。

任务实施

工作表单1

网络安全初探

大家在生活中都遇到过哪些网络安全问题？这些问题对你和你身边的人造成了哪些伤害？我们应该如何防范这些问题的发生？

问题类型	不良影响	防范措施(意见建议)

工作表单2

扫描二维码阅读并分析资料，完成下表。

2023年“清朗”系列专项行动重点整治哪些网络安全问题	
针对这些问题，国家主要采取哪些整治措施	
遇到危害网络安全的行为我们应该怎么做	

习语金句

数字经济、互联网金融、人工智能、大数据、云计算等新技术新应用快速发展，催生一系列新业态新模式，但相关法律制度还存在时间差、空白区。网络犯罪已成为危害我国国家政治安全、网络安全、社会安全、经济安全等的重要风险之一。

——2020年11月16日，习近平在中央全面依法治国工作会议上的讲话

任务分析

习近平总书记强调：“网络安全和信息化是事关国家安全和国家发展、事关广大人民群众工作生活的重大战略问题，要从国际国内大势出发，总体布局，统筹各方，创新发展，努力把我国建设成为网络强国。”网络安全和信息化与一个国家的很多领域都关

系密切，网络安全和信息化是“一体之两翼、驱动之双轮”。网络不安全，国家的经济安全、社会安全等就会受到影响，广大人民群众的利益也难以得到保障。

一、网络安全的重要性

2023年8月28日，中国互联网络信息中心（CNNIC）在北京发布第52次《中国互联网络发展状况统计报告》。该报告显示，截至2023年6月，我国网民规模达10.79亿人，互联网普及率达76.4%。

互联网广泛应用于政务服务、工业发展、网上购物、游戏娱乐等领域，当今中国已基本进入全民上网时代。互联网基础设施建设日趋完善，互联网应用领域日益广泛，互联网应用效能越来越强大，互联网已经成为人们工作生活的“必需品”，行业创新发展的“助推器”，国家改革发展的重要依托。互联网是经济社会发展的“最大变量”，而网络安全是信息产业发展的“最大命门”。

2015年7月1日，第十二届全国人民代表大会常务委员会第十五次会议通过《中华人民共和国国家安全法》，将网络与信息安全列入其中，第一次明确了“网络空间主权”这一概念。2016年11月7日，第十二届全国人民代表大会常务委员会第二十四次会议通过《中华人民共和国网络安全法》，为保障网络安全，维护网络空间主权和国家安全提供法律支持。

二、网络安全的主要内容

《中华人民共和国网络安全法》规定，“网络安全，是指通过采取必要措施，防范对网络的攻击、侵入、干扰、破坏和非法使用以及意外事故，使网络处于稳定可靠运行的状态，以及保障网络数据的完整性、保密性、可用性的能力。”

（一）基础设施安全

信息基础设施是指光缆、微波、卫星、移动通信等网络设备设施。网络基础设施主要是信息传输系统，包括远程通信网、有线电视网、无线电通信网和Internet网络等。《中华人民共和国网络安全法》规定：“国家对公共通信和信息服务、能源、交通、水利、金融、公共服务、电子政务等重要行业和领域，以及其他一旦遭到破坏、丧失功能或者数据泄露，可能严重危害国家安全、国计民生、公共利益的关键信息基础设施，在网络安全等级保护制度的基础上，实行重点保护。”“建设关键信息基础设施应当确保其具有支持业务稳定、持续运行的性能，并保证安全技术措施同步规划、同步建设、同步使用。”

(二)运行与服务安全

运行与服务安全包括运行系统安全、系统信息安全、信息传播安全和信息内容安全。运行系统安全即保证信息处理和传输系统的安全,它侧重于保证系统正常运行,避免因为系统崩溃和损坏而对存贮、处理和传输的信息造成破坏、损失和泄露。系统信息安全包括用户口令鉴别,用户存取权限、方式控制,安全审计,安全问题跟踪,计算机病毒防治,数据加密等。信息传播安全强调防止和控制非法、有害的信息进行传播,避免信息失控。信息内容安全侧重于保护信息的保密性、真实性和完整性,避免攻击者利用系统漏洞进行窃听、诈骗等有损于合法用户权益的行为。

《中华人民共和国网络安全法》规定:“建设、运营网络或者通过网络提供服务,应当依照法律、行政法规的规定和国家标准的强制性要求,采取技术措施和其他必要措施,保障网络安全、稳定运行,有效应对网络安全事件,防范网络违法犯罪活动,维护网络数据的完整性、保密性和可用性。”

三、网络安全面临的威胁与挑战

当今世界,互联网发展对国家主权、安全、发展利益提出了新的挑战,必须认真应对。

(一)外部敌对势力通过互联网实施不法行为

网络的跨时空、跨国界特点,使得某些外部敌对势力不仅利用网络宣传其推崇的价值观,而且危害我国主权、干涉我国内政、遏制我国发展、损害我国人民的利益。

(二)网络违法犯罪不断滋生

网络违法犯罪的主要形式有制作和传播计算机病毒、散播色情信息、散布和传播不正当言论、实施网络诈骗和网络暴力行为等。第52次《中国互联网络发展状况统计报告》显示:从网民遇到各类网络安全问题的情况来看,遭遇个人信息泄露的网民比例最高,为23.2%;遭遇网络诈骗的网民比例为20.0%;遭遇设备中病毒或木马的网民比例为7.0%;遭遇账号或密码被盗的网民比例为5.2%。

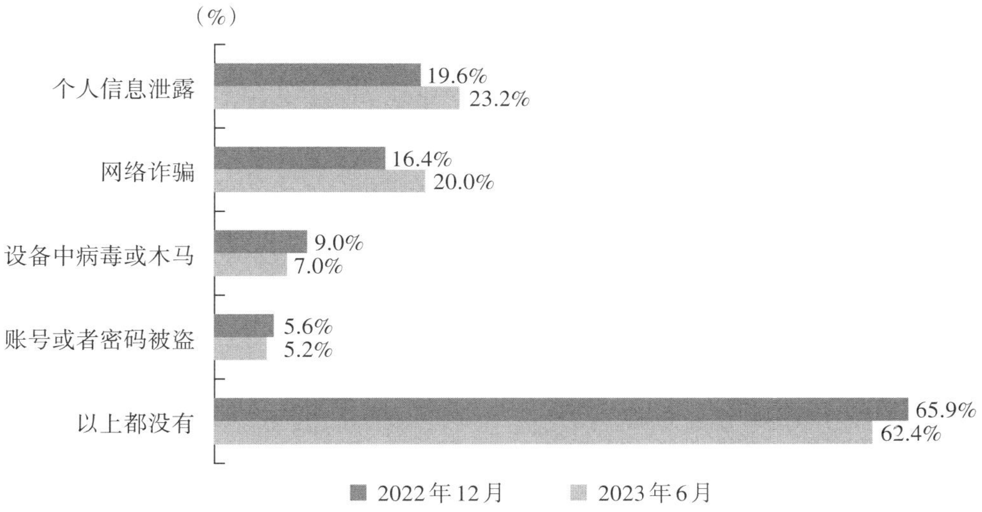

网民遭遇各类网络安全问题的比例

第52次《中国互联网络发展状况统计报告》显示，通过对遭遇网络诈骗网民的进一步调查发现，虚拟中奖信息诈骗、网络兼职诈骗、冒充好友诈骗和钓鱼网站诈骗的比例均有所下降。其中，虚拟中奖信息诈骗仍是网民最常遭遇的网络诈骗类型，占比为38.0%，较2022年12月下降6.0个百分点；遭遇网络兼职诈骗的比例为26.2%，较2022年12月下降1.7个百分点；遭遇冒充好友诈骗的比例为21.1%，较2022年12月下降4.4个百分点。

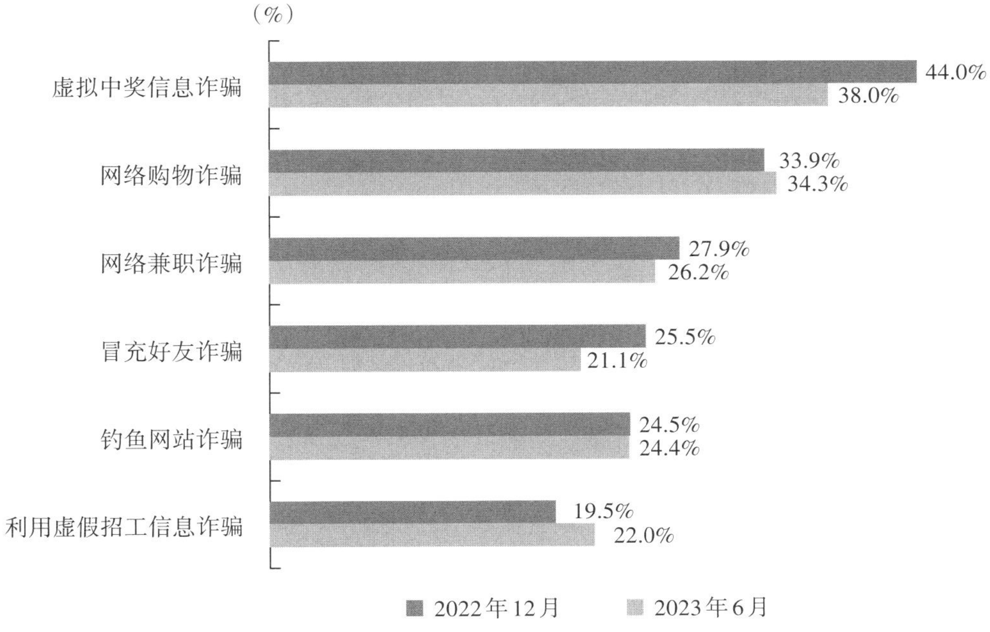

网民遭遇各类网络诈骗问题的比例

四、维护网络安全的途径与方法

维护网络安全涉及法律、管理、技术和人才等多方面的协同，需要政府、企业、社会组织、广大网民多方面的参与和努力，共同构筑起网络安全防线，捍卫广大人民群众的利益。

（一）发扬斗争精神

2016年4月19日，习近平总书记在网络安全和信息化工作座谈会上指出，“互联网不是法外之地。利用网络鼓吹推翻国家政权，煽动宗教极端主义，宣扬民族分裂思想，教唆暴力恐怖活动，等等，这样的行为要坚决制止和打击，决不能任其大行其道。利用网络进行欺诈活动，散布色情材料，进行人身攻击，兜售非法物品，等等，这样的言行也要坚决管控，决不能任其大行其道。”

（二）树立防护理念

我们必须清楚地认识到，网络安全是整体的而不是割裂的，是动态的而不是静态的，是开放的而不是封闭的，是相对的而不是绝对的，是共同的而不是孤立的。要树立动态、综合的防护理念；要吸收先进技术，立足基本国情，调动全社会的力量，共筑网络安全防线。

（三）建立工作机制

维护网络安全最基本最基础的工作是感知网络安全态势。没有意识到风险是最大的风险。习近平总书记指出，“维护网络安全，首先要知道风险在哪里，是什么样的风险，什么时候发生风险，正所谓‘聪者听于无声，明者见于未形’”。要建立统一高效的网络安全风险报告机制、情报共享机制、研判处置机制；要建立政府和企业网络安全信息共享机制。

（四）明确“十个坚持”

2023年7月，习近平总书记对网络安全和信息化工作作出重要指示，强调“新时代新征程，网信事业的重要地位作用日益凸显。要以新时代中国特色社会主义思想为指导，全面贯彻落实党的二十大精神，深入贯彻党中央关于网络强国的重要思想，切实肩负起举旗帜聚民心、防风险保安全、强治理惠民生、增动能促发展、谋合作图共赢的使命任务，坚持党管互联网，坚持网信为民，坚持走中国特色治网之道，坚持统筹发展和安全，坚持正能量是总要求、管得住是硬道理、用得好是真本事，坚持筑牢国家网络安全屏障，坚持发挥信息化驱动引领作用，坚持依法管网、依法办网、依法上网，坚持推动构建网络空间命运共同体，坚持建设忠诚干净担当的网信工作队伍”。习近平总书记重要指示鲜明提出网信工作的使命任务，明确“十个坚持”重要原则，具有很强的政治性、战略性、指导性，为做好新时代新征程网信工作指明了方向。

（五）推动全球治理

随着互联网的快速发展和广泛应用，网络治理日益成为全球治理的重要领域之一。网络安全挑战是全球性的，每个国家都不能置身事外、独善其身，维护网络安全是国际社会的共同责任。世界范围内侵害个人隐私、侵犯知识产权、利用网络犯罪等时有发生，网络监听、网络攻击等成为全球公害。从举办世界互联网大会到成立世界互联网大会国际组织，从举办中国—东盟信息港论坛到中非互联网发展与合作论坛，我国始终致力于打造和平、安全、开放、合作、有序的网络空间，推动构建网络空间命运共同体；始终致力于推动互联网发展和治理，维护全球网络空间的繁荣与安全。

实践与提升

赏析电影《孤注一掷》

活动目标：

1. 观赏电影《孤注一掷》，结合现实分析网络安全面临的威胁，为维护网络安全建言献策。

2. 提升网络安全意识，自觉抵制网络侵害及网络犯罪，做网络安全的建设者和践行者。

活动准备：

投影仪、影片或者购买电影票。

活动过程：

1. 观看《孤注一掷》。

2. 完成观后感。

建议及感想：

云课堂

扫描二维码，阅读《共筑网络安全防线》。

任务评价

学生自评/互评表

班级：　　　　　　　　姓名：　　　　　　　　学号：

评价项目	评价标准	分值	自评	互评
学习态度	积极学习相关材料，认真完成作业和学习任务	15		
专业知识	了解网络安全的相关内容，掌握维护网络安全的途径和方法	20		
研讨精神	积极参加讨论，对其他人的发言能提出合理的分析和见解	15		
团队协作	能很好地融入小组讨论，与组内成员沟通顺畅，共同推进学习进程	15		
信息素养	会检索相关文献，主动阅读学习，且能运用新媒体进行拓展练习	15		
情怀素养	树立正确的网络安全观	20		
合计		100		

教师评价表

班级： 姓名： 学号：

评价项目		评价标准	分值	得分
考勤		无迟到、早退、旷课现象	5	
专业知识	探讨网络安全	能写出至少三种网络安全问题及防范措施(意见建议)	15	
	分析2023年"清朗"系列专项行动	能说出2023年"清朗"系列专项行动重点整治的网络安全问题	15	
		知道针对这些问题，国家采取的整治措施	15	
		自己遇到危害网络安全的行为时，能采取正确的方法和措施	10	
	赏析电影《孤注一掷》	辨别影片中呈现的网络犯罪问题	15	
		能自我反思，不做伤害者，也不做受害者	15	
综合表现		课堂表现好，积极参与讨论和学习，学习效果好	10	
		合计	100	
综合评价		学生自评(20%) 小组互评(30%) 教师评价(50%)	综合得分	

任务二　海外利益安全　积极有力保护

任务描述

目前，我国已成为全球贸易大国和主要对外投资大国，随着国力的不断增强以及与世界联系日益紧密，我国企业、机构等工作人员到海外工作的机会增多，民众出国旅游的规模也增大，海外利益的广度和深度不断拓展。

1. 分小组讨论《北约袭击中国驻南斯拉夫大使馆》，完成工作表单1。

2. 分析案例《新常态！中国海军三次撤侨航迹遍及亚非欧》，完成工作表单2。

任务准备

1. 收听新闻联播，关注国内外时事。

2. 分小组，选定小组长或主持人。

任务实施

工作表单1

扫描二维码阅读案例，进行小组讨论并完成下表。

从该事件中你想到了什么	
我们国家怎样才能更好地保护本国公民的海外利益安全	

工作表单 2

扫描二维码学习并分析案例，完成下表。

“黄水海军”与“蓝水海军”有何区别	
“新常态”说明了什么问题	

习语金句

要切实维护我国海外利益，不断提高保障能力和水平，加强保护力度。

——2014年11月28日，习近平在中央外事工作会议上的讲话

任务分析

海外利益安全是新时期国家发展和安全利益的重要组成部分，是总体国家安全观的重要组成部分。

一、海外利益安全的重要性

目前,我国已经成为全球贸易大国和主要对外投资大国。党的二十大报告指出:"我国成为一百四十多个国家和地区的主要贸易伙伴,货物贸易总额居世界第一。"2022年,中国对外直接投资流量1631.2亿美元,为全球第二位。截至2022年末,中国对外直接投资存量达2.75万亿美元,连续六年排名全球前三。除此以外,我国有大量华侨旅居海外,维护他们的安全和利益,也是我国国家安全工作的重要内容。

随着新一轮对外开放全面推进,特别是"一带一路"建设加快实施,海外利益安全对我国整体发展利益和国家安全的重要性更加突出,维护海外利益安全成为一项重要任务。《中华人民共和国国家安全法》规定:"国家依法采取必要措施,保护海外中国公民、组织和机构的安全和正当权益,保护国家的海外利益不受威胁和侵害。"

二、海外利益安全的主要内容

(一)海外能源安全

作为全球能源进口大国,我国的能源安全受到国际能源供应的深刻影响。虽然我国长期重视本国能源自给建设,力图减轻对国际市场的依赖,但由于国内需求量较大,这种依赖性难以彻底脱离,因此,在复杂国际环境下保障我国能源进口安全显得尤为重要。

(二)海上战略通道安全

改革开放以来尤其是党的十八大以来,海洋经济以其在培育新动能、拓展新空间、引领新发展等方面的重要作用,成为我国增强经济发展活力和动力的重要源泉,而确保海上战略通道安全是维系海洋经济正常发展的重要前提之一。

(三)海外公民、法人安全

近些年,随着我国经济的稳步发展和人民生活水平的不断提升,出国旅游、留学人员规模较为庞大。特别是"一带一路"的共建,中国企业充分利用国内和国外"两个市场、两种资源",通过对外直接投资、对外工程承包、对外劳务合作等形式积极参与国际合作,越来越多的中国企业和公民走向海外。而一些反华势力对我国公民、法人并不友好,确保他们的安全是海外利益安全的重要部分。

三、海外利益安全面临的威胁与挑战

当今世界正处于百年未有之大变局，国际安全环境也发生着复杂而深刻的变化，我国海外利益安全风险的不确定性也增大。

（一）国际冲突与政局动荡

和平与发展是当今世界的主题，但局部战争和冲突仍然存在，而且对世界和平稳定的大局不断造成威胁与挑战，也影响全球的政治、经济甚至人的生命安全等。受战乱、政局动荡等因素影响，中国驻外机构和人员的利益会受到影响。

（二）能源问题与贸易争端

随着气候的变化，世界能源结构也在不断调整，新能源开发领域竞争日趋激烈。在地缘冲突、气候变化、汇率波动等多种因素影响下，全球能源安全不确定性将依然存在。不少国家燃料短缺、企业倒闭、经济运行放缓，不仅迫使相关国家调整能源政策，而且可能促使国际能源格局深刻变化。全球能源供需矛盾加剧，国际能源价格波动等会影响我国的海外利益安全。

以美国为首的发达国家以实现贸易保护为目的，多次以安全为由，否决我国的海外投资和建设项目，先后针对“抖音”“微信”的海外版TikTok和WeChat实行了一系列限制和禁止措施，对我国企业进行打压。

受资源、战争等多种因素影响，全球经济出现持续低迷，贸易争端不断加剧。不少国家失业率激增，社会矛盾日益突出。一些反华势力不断传播“中国威胁论”，将问题引向中国和华人，对国家安全和个人安全造成严重威胁。

四、维护海外利益安全的途径与方法

（一）加强自身建设，增强维护海外利益安全能力

1.提升自我革新能力，减少对外依赖

发展才是硬道理，在政治、经济、军事、科技、教育、社会、能源、环境等各个领域，我们都要不断提升自我革新能力，增强军队海外护航、灾害救援等行动能力；加大高精尖科技的研发力度；加强重点领域安全建设，确保粮食、能源资源、重要产业链供应链安全……这样才能具备引领世界的实力，增强在国际社会的话语权和影响力。

2.增强风险防范意识，提升安全保障能力

虽然“和平与发展”仍是当今世界的两大主题，但是，纵观全球，不稳定和不确定因

素依然很多，地区动荡此起彼伏，传统和非传统安全问题互相交织，国际总体安全形势仍错综复杂。我们要增强风险防范意识，完善工作机制，做好应急预案，不断提升安全保障能力。持续构建以“法律支撑、机制建设、风险评估、安全预警、预防宣传、应急处置”为支柱的海外中国平安体系，维护我国公民、法人在海外的合法权益，坚定捍卫国家主权、安全、发展利益。

（二）加强对外合作，在推动构建人类命运共同体中展现大国担当

总体来看，我国坚定奉行独立自主的和平外交政策，全面推进中国特色大国外交，推动构建人类命运共同体。坚定维护国际公平正义，倡导践行真正的多边主义，旗帜鲜明反对一切霸权主义和强权政治，毫不动摇反对任何单边主义、保护主义、霸凌行径。完善外交总体布局，积极建设覆盖全球的伙伴关系网络，推动构建新型国际关系。展现负责任大国担当，积极参与全球治理体系改革和建设，为解决人类面临的共同问题提供更多更好的中国智慧、中国方案、中国力量。

1. 发展深厚的互信关系

坚持在和平共处五项原则基础上同各国发展友好合作，坚持亲诚惠容和与邻为善、以邻为伴的周边外交方针，深化同周边国家的友好互信和利益融合。强化和平应对和解决危机的能力，围绕危机主动介入、主动作为，通过外交、洽谈、协商等和平方式解决危机。同时通过精耕细作，不断加强中国海外企业与驻地的多方沟通和交流，以构建人类命运共同体的精神，与驻在国和地区并肩发展、共同受益。

2. 推进高水平对外开放

党的二十大报告指出：“依托我国超大规模市场优势，以国内大循环吸引全球资源要素，增强国内国际两个市场两种资源联动效应，提升贸易投资合作质量和水平。稳步扩大规则、规制、管理、标准等制度型开放。”这充分说明国家把高水平对外开放放在一个突出位置。

3. 积极参与新的国际投资规则的谈判

在国际社会共同认定的跨国贸易框架下，健全促进与保障境外投资的法律、政策和服务体系，提升维护企业海外合法权益的能力。

4. 建立常态化国际反恐和救援机制

进一步扩展反恐国际合作空间，加强国际执法合作打击跨国犯罪，取长补短，从多角度、多方位对跨国犯罪分子进行打击，维护国家安全利益。强化海外非战争军事行动，开展国际军事安全合作，实施联合国维和、国际救援、海上护航和维护国家海外利益的军事行动，积极参加国际灾难救援和人道主义援助。

5.统筹好发展与安全的关系

不断完善国家在海外利益保护中的坚实保障作用，既要增强我国在全球的政治影响力和军事辐射力，逐步突破敌对势力对我国海上战略通道的控制与封锁，确保海外利益不受威胁和损害，又要与驻在国加强合作，一同构建能够有效维护区域稳定和发展的安全共同体。

实践与提升

观看视频：《海外留学安全常见问题解答》

为进一步增强留学人员的海外风险防范意识，外交部领事保护中心推出《海外留学安全常见问题解答》系列动画视频，针对我国留学人员和家长反映较为集中的海外安全问题进行解答。

活动目标：

指导学生学习海外留学自我保护相关知识。

活动准备：

在互联网上搜索《海外留学安全常见问题解答》系列视频资源。

活动过程：

自主学习《海外留学安全常见问题解答》系列动画视频；小组成员之间互相问答，教师组织课堂问答，学生完成表单内容。

外交部全球领事保护与服务应急热线是什么	
出国前应首先访问哪些网站，学习哪些留学注意事项	

云课堂

扫描二维码，阅读《中国海外利益现状》。

任务评价

学生自评/互评表

班级：　　　　　　　　　　姓名：　　　　　　　　　　学号：

评价项目	评价标准	分值	自评	互评
学习态度	积极学习相关材料，认真完成作业和学习任务	15		
专业知识	了解海外利益安全的相关内容，掌握维护海外利益安全的途径和方法	20		
研讨精神	积极参加讨论，对其他人的发言能提出合理的分析和见解	15		
团队协作	能很好地融入小组讨论，与组内成员沟通顺畅，共同推进学习进程	15		
信息素养	会检索相关文献，主动阅读学习，且能运用新媒体进行拓展练习	15		
情怀素养	树立科学的海外利益安全观	20		
合计		100		

教师评价表

班级：　　　　　　　　　　　　姓名：　　　　　　　　　　　　学号：

评价项目		评价标准	分值	得分
考勤		无迟到、早退、旷课现象	5	
专业知识	讨论北约轰击中国驻南斯拉夫大使馆事件	能对该事件进行正确评价	10	
		能够掌握维护我国海外利益安全的途径和方法	25	
	分析中国海军三次撤侨行动	能写出“黄水海军”和“蓝水海军”的区别	15	
		能正确回答“新常态”说明的问题	20	
	观看《海外留学安全常见问题解答》	能说出外交部全球领事保护与服务应急热线	5	
		知道出国前应首先访问哪些网站，学习哪些留学注意事项	10	
综合表现		课堂表现好，积极参与讨论和学习，学习效果好	10	
合计			100	
综合评价		学生自评(20%)　小组互评(30%)　教师评价(50%)	综合得分	

参考文献

1. 中共中央文献研究室. 习近平关于社会主义文化建设论述摘编[M]. 北京：中央文献出版社，2017.

2. 李英霞，李玉侠. 新时代大学生安全教育教程[M]. 北京：中国人民大学出版社，2021.

3. 梁云滢. 结绳大全[M]. 北京：光明日报出版社，2012.

4. 刘永富，马春光. 大学生安全教育[M]. 北京：航空工业出版社，2019.

5. 马瑞映，杨松. 新时代高校国家安全教育通论[M]. 北京：高等教育出版社，2022.

6. 王春梅，王志虹. 感染性疾病与皮肤病[M]. 北京：中国医药科技出版社，2019.

7. 魏浩. 国家经济安全概论[M]. 北京：机械工业出版社，2022.

8. 龚光军. 敬以直内，义以方外——儒家视域下大学生人际交往研究[J]. 当代教研论丛，2022(12).

9. 李诚. 1921—2021 中国百年科技大事记[J]. 科技智囊，2021(7).

10. 王灵桂. 政治安全是中国特色国家安全道路的根本特征[J]. 国家安全研究，2022(1).

11. 杨可慧，桑文涛，潘畅，等. 心脏骤停与复苏调查的现状及展望[J]. 中国实用内科杂志，2019(10).

12. 张璇. 学会心肺复苏，关键时刻能救命[J]. 家庭医药·快乐养生，2022(11).

13. 章建华. 深入学习贯彻习近平新时代中国特色社会主义思想 以能源高质量发展支撑中国式现代化建设[J]. 当代世界，2023(2).

14. 赵雪研. 美国太空军情报机制：组织架构、运作逻辑与现实启示[J]. 情报杂志，2023(5).

15. 穆中杰. 建议科学界定"粮食安全"的概念——粮食安全保障法草案完善建议[N]. 民主与法制时报，2023-07-18(3).

16. 杨博华，周蔓仪. 烧烫伤的中医药治疗[N]. 中国中医药报，2015-08-21(5).

17. 袁忠民. 忠实履行维护国家政治安全的首要职责[N]. 人民公安报，2019-03-24(3).